吉林财经大学新入职博士科研专项项目（2019BZ002）
吉林财经大学校级科研项目（2019B13）资助出版
吉林财经大学学术专著出版资助项目研究成果

变迁中的不平衡：基于收入空间分布差异的消费特征研究

陆　地　著

吉林大学出版社

·长春·

图书在版编目（CIP）数据

变迁中的不平衡：基于收入空间分布差异的消费特
征研究 / 陆地著. -- 长春：吉林大学出版社，2020.5
ISBN 978-7-5692-6450-0

Ⅰ.①变… Ⅱ.①陆… Ⅲ.①居民消费－区域差异－
研究－中国 Ⅳ.①F126.1

中国版本图书馆CIP数据核字(2020)第071905号

书　　名：变迁中的不平衡：基于收入空间分布差异的消费特征研究
BIANQIAN ZHONG DE BU PINGHENG: JIYU SHOURU KONGJIAN FENBU CHAYI DE
XIAOFEI TEZHENG YANJIU

作　　者：陆　地　著
策划编辑：黄国彬
责任编辑：马宁徽
责任校对：张文涛
装帧设计：刘　丹
出版发行：吉林大学出版社
社　　址：长春市人民大街4059号
邮政编码：130021
发行电话：0431-89580028/29/21
网　　址：http://www.jlup.com.cn
电子邮箱：jdcbs@jlu.edu.cn
印　　刷：北京一鑫印务有限责任公司
开　　本：787mm×1092mm　　1/16
印　　张：10.75
字　　数：190千字
版　　次：2020年5月　第1版
印　　次：2021年1月　第2次
书　　号：ISBN 978-7-5692-6450-0
定　　价：50.00元

1

目　　录

第 1 章 导 论

2017 年中国共产党第十九次全国代表大会的召开吸引了海内外的目光，十九大报告改变了已经延续三十多年的对中国现阶段主要矛盾的表述。中国所面临的主要矛盾从"人民日益增长的物质文化需要同落后的社会生产之间的矛盾"转化为"人民日益增长的美好生活需要和不平衡不充分的发展之间的矛盾"。就经济学视角来看，社会主要矛盾本质上体现的是供给与需求间的矛盾。社会主要矛盾的改变反映了中国社会经济发展的时代特征，同时决定了如何将资源在多项任务间进行配置以形成最优组合的目的。改革开放以来，中国经济高速增长，居民收入水平持续提高，生活品质不断提升，总体上基本解决了十三亿人口的温饱问题，向全面建成小康社会迈进。从需求角度来讲，伴随着经济、社会的健康发展与收入水平的显著提高，人民的需求向更高层次转变。不仅对物质文化生活显现出更高的要求，也开始追求民主、法治、公平、正义、安全、环境等全面的发展。从供给角度来讲，中国逐渐摆脱了落后生产力的束缚，然而不平衡不充分的发展却导致供给结构对人民日益增长的美好生活需要的适应性与灵活性较低，未能充分地满足人民的需求变化。因此，解决社会主要矛盾就需要将适应性与灵活性较低的供给结构同居民的收入与消费需求演变联系起来，以探索出供给与需求关系更高层次的动态均衡。

居民消费需求向高层次的转变源自收入水平的显著提升，但是收入水平提升的同时，收入差距不断扩大，因而限制了消费需求潜力的释放。从地区层面来看，地区间总体收入差距扩大，收入组群分布并不平衡，从而引发了区域消费需求非均衡现象，具体表现为消费偏好与需求层次的区域性差异。这就决定了对居民消费需求演变的分析需要把握地区差异，进而对如何提高居民消费意愿、如何刺激居民消费需求提出有效的对策建议。

由此，本章首先从现阶段国际与国内环境两方面的现实背景切入，提出基于区域收入分布差异的消费特征研究的理论意义与现实意义；之后对收入分布与居民消费研究进展进行分类阐述；最后给出本书主要研究思路、主要内容、研究方法与主要创新。

研究背景:

就国际环境而言,2008 年全球性金融危机爆发以来,各国经济均遭受了巨大的冲击,导致全球需求急剧下滑,全球经济复苏缓慢。伴随全球一体化趋势增强,主要经济体在国际市场的竞争日益激烈,逐步打破了原有的由一国或几国垄断的市场格局,国际市场面临新一轮的重建。为保护本国产业发展,主要经济体纷纷出台多种贸易保护政策对进口商品进行限制,"逆全球化"思潮开始涌动。随着 2016 年英国"脱欧"公投与美国大选特朗普的上台,更是将"逆全球化"思潮推进到新的发展阶段,贸易不确定性大大增强。外部经济环境的恶化严重冲击了对外依赖度较高的中国经济发展,使得其出口持续降低,预示了中国"外向型"发展优势难以为继,这意味着中国继续依靠贸易拉动经济增长的模式需要向依靠内需拉动经济增长的模式转变。

就国内背景而言,中国经济正处于由高速增长向高质量增长转型的关键时期。由于经济增长存在既有的发展方式惯性,又面临转型期内在经济利益结构调整刚性,转型必然是一个缓慢而又艰难的过程。转换增长动力需要内需的不断推动,由此把握中国居民消费需求实际演变趋势尤为关键。从国内现实的经济社会发展进程来看,已经为实现以内需为新的经济增长引擎奠定了良好的基础。

首先,居民人均收入水平不断提升。根据国际经验,当人均 GDP 达到 3 000 美元,消费对经济增长的驱动力开始超越投资与贸易;当人均 GDP 达到 4 000 美元,消费会成为经济增长最强的支撑(郭其友和芦丽静,2009)。1978—2016 年,中国人均 GDP 由约 227 美元到超过 8 000 美元,逐步向高收入国家迈进。从客观角度来看,居民消费潜力将逐步释放,消费结构将不断优化,内需对经济增长的拉动作用日益凸显。其次,中国城镇化高速发展,规模不断扩张。中国常住人口城镇化率从 1978 年的 17.9% 提升到 2015 年的56.1%,根据城镇化发展的一般规律,仍处于快速发展阶段。以往研究认为城镇化进程能够通过促进区域市场形成、推动人口集聚等方式有效释放居民消费潜力(齐红倩和刘力,2000;王国刚,2010)。第三,中国政府提出了一系列政策措施以刺激居民消费。从 1996 年开始,政府不断强调调整经济结构,转变经济增长方式,坚持扩大有效内需,促进居民消费升级,推动供给侧改革以适应需求变化。各种政策措施的出台为促进内需高质量发展提供了良好的政策环境支持。

然而,中国居民消费需求发展状况却并不尽如人意。进入 21 世纪以来,居民消费率持续下降,最低达到了 2010 年的 35.56%,尽管 2016 年回升至

39%,但远低于世界同期平均水平,不仅落后于经济发达国家,甚至落后于一些经济欠发达国家。与此同时,居民消费结构同样存在升级缓慢的现象。1978—2015 年期间,城镇居民医疗保健与文教娱乐等发展与享受型消费支出年平均增长率为 13.2%,但 2008—2015 年期间其年平均增长率仅为 6.8%。居民消费需求发展的现状难以与增强消费新动能的目标相匹配。现实证明中国居民的消费需求意愿从追求数量向追求质量转变,而区域间不均衡的发展使居民需求出现差异化、阶梯化演变趋势(陆地和孙巍,2018)。这些现实矛盾在一定程度上抑制了居民消费意愿,同时不利于居民消费结构的优化。从供给结构来看,长期依靠投资与出口的经济增长模式导致各行业存在产能过剩问题并且自主创新能力不足。这表明现有的供给结构发展对内需结构的适应性不强,不能够充分满足居民个性化、多样化的消费需求(臧旭恒,2018)。因此,在现实矛盾背景下对居民消费需求演变特征进行研究十分关键。

基于上述研究背景,本书将从区域角度对收入分布与居民消费的关系进行探索,探讨两者内在关联机制,以对现实内需问题予以深层次的剖析。

研究意义:

改革开放以来,消费对中国经济增长的促进作用逐渐增强,国家统计局数据显示到 2016 年最终消费支出对国内生产总值的贡献率攀升至 64.6%,逐步成为拉动经济增长强而有力的支撑,但其中居民消费率的变化却令人遗憾。经济增长过程中不平衡不充分的发展遗留的区域发展不均衡、收入差距①扩大、供给结构发展与需求结构升级不匹配等现实矛盾对刺激居民有效消费需求产生了阻碍。在城镇化进程中,区域发展并不均衡,由此导致了区域间居民收入、社会经济福利、医疗与教育等资源获得的不平等。尽管居民收入水平不断增长,但收入不平等程度却日益恶化,收入基尼系数由 1978 年的 0.317 上升至 2016 年的 0.465,超过了 0.4 的国际警戒线。区域间收入分布差异就代表了区域发展不均衡影响下中国 13 亿人口收入分布的现实状况。

区域间收入分布差异的变化能够反映出收入分布变迁的区域性特征,既包含了各区域居民收入水平的非同步增长,又体现了收入增长过程中所面临的不平等问题,其必将对中国居民消费需求的演化产生巨大的影响。区域收入分布差异变化诱发的消费特征既产生了微观个体需求的异质性,又对宏观

---

① 收入分配,在经济研究中可分为两个层次:一是指居民之间收入的分配,简称居民收入分配;二是指国民收入在不同生产要素之间的分配,简称要素收入分配,本书中收入差距指的是居民之间收入分配的差距。

市场需求造成冲击。一方面,收入增长推动居民个体消费偏好向更高层次转变,但收入差距的扩大使得居民面临的不确定性提高,预防性储蓄动机增强,将降低其购买力水平,限制了整个生命周期内有效消费需求的释放,不可避免地导致消费分级;另一方面,区域间收入分布的差异会对整体市场需求产生冲击,继而对供给端造成影响,具体表现为某些商品市场的区域发展非均衡。质量高端的商品不断涌入经济发达的高收入地区,而质量低劣的商品却充斥着经济发展缓慢的低收入地区。这种市场状况反过来造成区域间居民消费不平等程度的进一步恶化,其直接结果导致消费结构优化与消费市场升级延缓。市场需求是影响产业结构最重要的因素,一系列连锁的反应最终将不利于推动供给侧产业端的高质量发展。上述由区域收入分布差异引致的消费需求特征是中国特殊国情与经济发展实际下产生的难以见到的独特现象与规律,探索其背后深层次的原因对推动内需高质量发展以促进现阶段中国转型期的经济增长具有一定的现实意义。

因此,本书将结合理论与实证从两个方面深入探索中国城镇居民区域收入分布差异引发的一系列消费特征,探讨城镇居民消费的区域非均衡现状,以及把握其消费结构演变特征与代表性新兴消费市场升级的区域性差异,对如何实现居民消费升级,助推经济增长向高质量转变,进而满足人民日益增长的美好生活需要具有重要的学术参考价值与指导意义。

研究进展与文献综述:

长期以来,国内外学者围绕收入和消费问题展开了深入的探讨,无论是针对相关理论研究方面,还是在技术方法研究方面均取得了丰硕的成果。通过对相关研究进展的梳理,能够为本书奠定坚实的理论与实证研究依据,对于区域收入分布差异的消费特征研究具有重要的指导作用。因此,根据研究目的本节将对收入分布与居民消费这两个方面的文献进行评述,以为后续研究提供参考。

在对收入分布的相关研究进行梳理之前,首先要明确收入分布的含义,收入分布是收入分配过程所导致的直接结果。对收入分布进行探讨,不仅有助于判断收入不平等程度,而且便于度量组群规模的差异。

(1)收入分布的测度

收入分布的测度技术能够为收入分配、不平等以及组群规模差异问题的研究提供定量的分析,对于理论的验证与政策的制定具有重要的意义。有关收入分布的测度,主要在于对收入分布函数拟合方法的选择。现有的收入分布拟合方法主要包括参数法、非参数法与半参数方法等。

收入分布的参数方法最早源自 Pareto(1895)提出的 Pareto 分布,其利用概率函数模型描绘了收入分布的特征。通过 Pareto 分布,可以观察到收入高于给定收入水平的组群比例与给定收入水平的对数线性关系,但对最低收入组群拟合情况欠佳。尽管 Pareto 参数分布方法具有很大的局限性,但能够很好地拟合高收入组群的分布情况,至今仍被广泛应用于模拟收入分布或财富分布的尾部特征。为了更好地了解整个收入分布的信息,Ammon(1895)与 March(1898)均应用 Gamma 分布方法对居民收入分布曲线进行了拟合,而 Gibrat(1931)采用对数正态分布方法分析了居民收入分布特征。此后,Salem 和 Mount(1974)分别采用 Gamma 分布方法与对数正态分布方法对 20 世纪 60 年代美国居民收入分布情况进行了对比分析,发现相比对数正态分布方法,Gamma 分布方法的拟合效果更优。伴随计算机技术的快速发展,学者能够对更为复杂的模型进行估计,因此开始引入更多的控制参数以便于使得收入分布拟合结果更接近真实的情况。相比 Pareto 分布、Gamma 分布与对数正态分布等两参数方法,Taillie(1981)、Singh 和 Maddala(1976)与 Dagum(1977)等相继提出的广义 Gamma 分布、Singh-Maddala 分布与 Dagum 分布等涌现的三参数方法往往具有更好的拟合效果。计算机技术的进一步发展使得四参数与五参数方法也开始涌现,其中比较具有代表性的有 McDonald(1984)的广义 beta1 与广义 beta2 分布方法、Reed(2003,2004)的双 Pareto 对数正态分布方法及 McDonald 和 Xu(1995)的五参数广义 beta 分布方法等。尽管多参数方法模型相比传统的两参数方法更为严密,但实际操作中优势却不突出,因而两参数分布方法依然是主流的参数分布拟合方法。

收入分布的非参数方法起始于直方图的应用,随后 Rosenblatt(1955)在此基础上提出了非参数估计方法。Parzen(1962)对其进行了深入的扩展分析,得到了收入分布的非参数核密度估计。核密度估计等非参数方法不需要对收入函数形式进行事先假设,能够避免事先假设带来的人为偏误,因此其应用较为广泛。在此基础上,针对非参数核密度估计的带宽选择问题,Budemo(1982)、Bowman(1984)、Hall(1992)、Ahmad 和 Ran(2004)等分别给出了良好的最优带宽选择方法,使得非参数核密度拟合结果严谨性提高。Pittau 和 Zelli(2004)利用该方法对 20 世纪 90 年代意大利居民收入情况进行了拟合分析,得到了良好的拟合效果。之后,Jenkins 和 Van Kerm(2005,2016)在非参数核密度的方法基础上对收入分布变化中的差距与流动性问题进行了研究,以得到收入增长累积与分布结构变化对收入差距的影响。虽然非参数拟合方法具有其独到的拟合优势,但其拟合结果主要依赖于图形,在计量分析中却无法得到有效的应用。

为了弥补参数估计与非参数估计带来的偏误与应用不便,学者们提出了介于两者之间的估计方法,即半参数估计方法。其中,最大熵估计(Jaynes,1957)与 EM 算法(Dempster et al.,1977)的影响力较大。前者是在满足已知信息前提下对未知概率分布进行估计,其原理是使得该分布的 Shannon 熵值达到最大。后者依据的是反复迭代算法,其原理是事先假定未知隐含数据,获得初始值参数之后对其进行修正,经 E 步与 M 步的反复迭代后得到其最优解。目前半参数估计方法并未得到推广应用,其一致性与有效性需要进行进一步的验证。

伴随收入分布测度技术的不断成熟,国内学者逐渐展开有关中国居民收入分布的拟合方法研究。在参数估计方面,王海港(2006)采用 Pareto 分布分别对 1988 年与 1995 年两年的中国居民收入分布进行了拟合。赵志君(2011)结合社会福利评价模型对不同分布进行了对比,发现 Pareto 分布与指数分布方法的收入分布拟合效果更为良好。张萌旭等(2013)分别采用两参数估计与多参数估计的方法对安徽省城镇居民收入分布进行拟合以对拟合效果做出评价,得到多参数分布估计拟合效果更优的结论。针对非参数估计方法,徐现祥和王海港(2008)利用核密度估计方法拟合了 1978—2002 年间各省区市的收入分布并进行了加总,得到了这期间初次分配的收入分布演进结果。陈娟和孙敬水(2009)基于非参数核密度方法对中国城镇居民收入分布的拟合对其分布变化影响因素进行了分解,结果发现收入分布位置改变对整体变化作用程度最强,而分布形态的改变可以抵消位置改变带来的影响。孙巍和苏鹏(2013)利用核密度估计刻画了中国城镇居民收入分布变迁的演变趋势,并分解出了三种不同因素的作用效果。陈云(2013)采用非参数核密度估计进行了整体居民收入分布的特征拟合,分别得到了收入增长效应与分配效应对收入分布变化趋势的影响结果。关于半参数估计方法,Wu 和 Perloff(2006)应用最小二乘的最大熵估计对中国居民 1985—2001 年的收入分布情况进行了验证,结果发现其方法有效性欠佳。而王亚峰(2012)基于广义矩估计,结合最大熵分布方法拟合了中国城乡居民 1985—2009 年的收入分布情况与演变趋势,得到了良好的估计结果。阮敬等(2015)应用 EM 算法结合混合模型对城乡居民收入分布进行拟合,拟合效果良好。基于上述研究的估计方法分析,在技术层面为本书后续对收入分布的拟合具有良好的指导作用。

(2)收入分布的应用

关于收入分布函数的应用主要体现在两个方面:一方面是对收入不平等程度的判断,包括对贫困线的测算;另一方面是对收入组群比重的测算,尤其是对中等收入群体比重的分析。

收入分布对于收入不平等程度的探讨具有重要的意义。首先,当居民收入服从特定的分布形式时,根据现实数据通过极大似然估计或矩估计计算出的收入分布函数的参数,就能够得到相关的不平等指数。Ebert(1984)根据收入分布函数提出可以通过衡量收入流动性对不平等进行衡量,该方法认为采用基尼系数代替具体分布函数中的参数,就可以对收入差距与流动性的内在联系进行探讨。其次,是将收入分布方法与变异曲线进行结合以直观地度量不平等程度,代表性的有 Lorenz 曲线、增长发生曲线(GIC)与贫困增长曲线(PGC)等。Kakwani(1980)与 Schader 和 Schmid(1994)均利用 Lorenz 曲线计算出基尼系数以对收入不平等水平进行判断,其原理是利用了 Lorenz 曲线与收入分布函数的函数关系。随后,Martin 和 Chen(2001)提出的增长发生曲线,又称贫困发生率曲线,则是在 Lorenz 曲线基础上对收入增长率进行测算,既能够确定贫困率,又能够通过不同收入组群的收入增长率判断经济发展对不平等状况的影响。由 Son(2004)提出的贫困增长曲线是另一种通过考察组群收入增长率衡量不平等水平的方法,与增长发生曲线不同的是,该方法用度量某百分位数个体特征代替了分析百分比内的人群特征。最后,可以通过对收入分布变化进行分解,判断分布变动因素的贡献程度以制定针对性的政策措施。Dagum(1997)利用收入分布对 1990 年美国家庭收入分布的组间差异进行了分析,经过对基尼系数的分解分别得到了组内、组间与组间转移变差三个方面的基尼系数,发现组内基尼系数对总差距的贡献性最强。Francois 等(2007)基于反事实方法对美国和巴西的收入分布差异进行了分解以考察巴西收入差距过大的原因,发现教育回报率与非劳动收入是造成收入分布极化的主要原因。

在收入组群比重测算方面,通过收入分布的变化情况能够反映出各收入组群,尤其是中等收入组群比重的变化情况。其基本原理是采用收入分布的非参数核密度方法对收入的极化问题进行分析,以反映收入分布变迁中出现的群聚特征。根据收入分布拟合结果位置、尺度与形态的变化,就可以对组群密度变化进行合理的推断。Wolfson(1994)认为随着收入分布极化,收入分布中间位置的组群逐渐向两端分散,这就是中等收入组群减少的原因。Massiari 等(2009)利用非参数核密度估计出了居民相对收入分布情况,以此发现中等收入组群的变动。Foster 等(2010)在收入分布函数基础上提出了 M-曲线与 S-曲线的方法,解决了利用收入分布函数对组群比例进行测算时对收入界限划分的依赖性问题,M-曲线度量了中等收入组群的集中程度,而 S-曲线度量了其分散程度。

国内学者同样针对收入分布函数两方面的应用展开了研究。在不平等评估方面,王兢(2005)发现能够利用收入分布函数对贫困线与贫困率进行测算。陈建东等(2013)在收入分布函数与基尼系数的内在联系基础上,对2010年中国城镇居民贫困率与收入基尼系数变化进行了剖析。刘洪和王超(2017)基于组合分布思想对收入分布参数进行了估计,并在此基础上测算出了城乡居民收入基尼系数变化趋势。林伯强(2003)认为Lorenz曲线与收入分布相关联,可以直观地体现出收入不平等水平。康璞和蒋翠侠(2009)验证了收入分布与Lorenz曲线的关系,发现两者之间等价并能够得到地区贫困程度的变化。黄恒君(2012)基于Lorenz曲线对收入不平等变迁特征进行了探讨,得到了不同收入群体对收入不平等程度的贡献率。迟巍、黎波和余秋海(2008)基于对1987年、1996年与2004年三个年度中国城镇居民收入分布曲线的分解,发现相对于劳动力特点的普通变化,劳动力特点回报率的变化是造成收入差距扩大的主要因素。阮敬(2008)在对数正态分布假定的中国居民收入分布基础上,应用Sharply分解方法对贫困度进行了度量,将其影响因素归结为增长效应、分配效应与贫困线变动效应共同作用的结果。陈飞和卢建词(2014)利用收入分布密度函数评估了1991—2009年中国农村减贫效应,通过分解发现收入增长有助于减贫,但分配不公平却使得减贫速度降低。在收入组群比重测度方面,刘靖等(2009)采用核密度估计对1991—2006年中国居民收入分布情况进行了分析,根据其形态变化发现高收入组群比例增加,同时得出2000年以后异质性群体出现的结果。纪宏和陈云(2009)基于收入分布的核密度估计分析了中国居民的收入分布状态,发现中等收入群体比重较低的原因主要归结于收入分布右偏趋势明显,而非收入分布极化。朱长存(2012)在非参数核密度估计基础上分析了中国城镇居民收入分布变动趋势,结果表明高收入组群比重上升,低收入组群比重下降,初步显现出了两极分化趋势。针对中等收入组群规模测算,王艳明等(2014)采用改进的M-曲线方法揭示了2001—2011年中国中等收入人口的变动趋势,发现2001—2006年其比重大幅度缩小,而在2006—2011年其比重开始上升。龙莹(2015)基于相对分布非参数核密度对影响中国中等收入组群比重的原因进行了分解,其结果证明相比收入分布形态的改变,收入分布曲线位置的改变对于中等收入组群密度具有更显著的影响。

上述收入分布应用方面的研究,能够为本书提供坚实的实证依据,了解了收入分布在衡量不平等程度与测度组群比重方面的应用。后续有关收入分布差异的研究能够在此基础上进行更深层次的探讨,借以分析其收入分布位置、尺度与形态的差异所代表的引申含义,以及对居民消费需求的影响。

在对收入分布与居民消费的关系分析之前,首先需要把握消费理论与实证研究的具体进展。虽然国内外以往的研究中并未具体剖析基于区域性视角的收入分布与居民消费的内在关联,但在其理论内涵背后所隐含的逻辑关系却为本书后续的研究指明了思路。

(3)宏观视角的居民消费研究

宏观视角下主要探讨收入与居民总消费间的关联,主要从 Keynes(1936)提出的绝对收入假说开始,其首次从总量层面探索了收入与消费的内在联系。该理论提出了边际消费倾向、平均消费倾向与消费决定因素的假设,认为由于高收入者的消费倾向低于低收入者,当居民收入差距扩大时,整体平均消费倾向随之下降,因此最终导致社会总消费需求不足。可以发现,在宏观视角下居民消费的研究主要体现为社会整体收入分配情况同总消费的联系。尽管 Keynes 的绝对收入假说理论在早期取得了显著的成果,但其仍具有很大的局限性。一方面,Keynes 认为随着收入水平提高,消费在收入中占比将下降,而储蓄的占比将上升,但历史数据证明美国二战以后居民收入水平的上升并未使得消费减少。另一方面,根据 Keynes 的消费函数能够得到平均消费倾向大于边际消费倾向的结论,但 Kuzenets(1942)通过对美国居民收入与消费情况的分析发现平均消费倾向并非大于边际消费倾向。Keynes 绝对收入假说的局限性就在于缺乏微观的理论基础,深层次来看需要考虑消费者行为选择的影响。

关于中国居民收入分配与总消费的关联显现出有别于其他国家的新特征,李军(2003)通过对中国居民消费行为的研究,从理论方面推导出收入分配差距与消费倾向之间呈现负相关,发现尽管收入分配差距导致了整体需求下降,但高收入组群消费倾向依然较高,因此收入分配差距拉大不能成为导致总需求下滑的主要原因,这与 Keynes 的结论并不一致。臧旭恒和张继海(2005)实证分析了中国居民收入分配对消费需求的影响,其研究认为收入分配差距的扩大会对总消费需求产生负向作用,并且指出在不损害效率前提下,适当缩小收入分配差距有利于刺激总消费需求。娄峰和李雪松(2009)应用动态半参数模型得到收入分配差距对中国居民消费需求的动态作用轨迹,发现收入分配差距扩大会抑制总消费。虽然多数研究从实证上验证了收入分配与总消费存在的关联性,但在理论上并未体现出一致性的结论。在近期的研究中,学者们在针对中国居民收入分配与总消费的研究中加入了创新性的技术分析,试图揭示两者内在联系。王宋涛和吴超林(2012)则认为以往的实证研究在模型选择上存在共线性的弊端,因此其建立离散理论模型以推导边际消费倾向减小时,是否缩小收入分配差距能够提高总消费需求,并基于中国 2000—2009 年的面板数据实证证明了中国城镇收入分配与总消费的关系。杨旭等(2014)基于蒙特卡罗模拟结合计量方法探索了不同收入分配情况对总消费的影响,发现其存在非线性的作用特征。苏鹏等(2014)考虑了收入分布变迁对总消费的作用,其研究不仅探索了收入分配对总消费的影响,而且引入了收入增长的作用效果。相比单纯从收入分配角度对总消费进行分析,收入分布视角能够更好地剖析收入增长与分配差距对总消费的共同作用结果。宏观领域的研究成果也为区域收入分布差异的消费特征研究提供了有力的支持。

(4)微观基础的居民消费研究

针对 Keynes 消费理论的局限性,后续研究的发展开始加入消费者行为选择的影响因素。Duesenberry(1949)提出的相对收入假说、Modigliani(1955)提出的生命周期假说、Friedman(1957)提出的持久收入假说与 Hall(1978)提出的随机游走假说等,均是在分析框架下引入个体的选择行为,具体表现为消费者在短期或长期通过优化其消费行为达到效用最大化的目的。结合生命周期假说、持久收入假说与随机游走假说并加入理性预期所形成的就是 LCH-PIH-RE 分析框架,在此分析框架下,收入是影响消费最重要的因素,其内在逻辑关系得到了推理验证。后续 Leland(1968)的预防性储蓄理论在对消费行为进行分析时考虑到了不确定因素的影响,既包括收入的不确定性也涵盖了消费的不确定性。这些理论的发展不仅从消费函数逻辑关系上推导出收入与消费行为的内在联系,同时也奠定了宏观消费理论的微观基础。

在消费者选择行为的相关研究中,学者们提出了体现其个体偏好影响的消费者需求分析框架,其基本原理是基于预算约束条件,通过分析消费者对各类商品的偏好以实现其效用最大化。其中,比较有代表性的研究主要包括 Stone(1954)基于马歇尔需求函数提出的线性支出系统(LES)、Lluch(1973)在 LES 基础上改进的扩展线性支出系统(ELES)与 Deaton 和 Muellbauer(1980)基于希克斯需求函数提出的几乎理想的需求系统(AIDS)。Burney 和 Akmal(1991)与 Yen 和 Chern(1992)分别利用 ELES 模型与 AIDS 模型进行了实证分析,在得到良好结果的同时也做出了进一步的修正。ELES 模型与 AIDS 模型在后来同样得到了广泛的应用,成为分析居民消费需求结构变化的主要工具。

近些年来,中国学者加入个体消费选择行为考虑后对中国居民的消费需求问题进行了深入的探讨。基于相关现代经典消费理论,臧旭恒(1994)引入了能够体现中国特殊国情的假设,实证结果发现中国居民消费行为阶段性特征明显。以改革开放为时间分界点,改革开放前的计划经济时期中国居民与 Keynes 研究框架中的消费者行为类似,消费体现出短期行为特征;改革开放之后,中国逐渐过渡到市场经济阶段,此时商品更为丰富、居民消费选择相对自由,其行为开始接近于新古典理论的消费者假说。臧旭恒和李燕桥(2012)应用扩展的 C-M消费函数对中国城镇居民消费行为进行了研究,发现其消费行为对收入变化与消费信贷变化具有过度敏感性特征,消费信贷能够对流动性约束起到缓解作用以增加耐用品的消费需求。王克稳等(2013)与陈冲(2014)则均是将不确定性因素纳入对中国农村居民消费行为的分析中,前者发现消费不确定性对农村居民消费的影响超过了收入不确定性。在对中国居民消费偏好变化的研究中,学者们分别采用 ELES 模型、AIDS 模型以及改进的 AIDS 模型等对中国居民消费结构变化进行了深入分析(臧旭恒和孙文祥,2003;屈小博和霍学喜,2007;吴蓓蓓等,2012;赵昕东和汪勇,2013;赵卫亚,2015;唐琦等,2018),结果显示中国居民收入水平的改变使得其消费结构不断升级,但区域发展差距使得消费结构变化显现出东部与中、西部的两极分化差异。

综合来看,宏观视角的消费理论研究为收入分布与消费需求的内在联系提供了坚实的理论支撑,而微观基础的消费理论研究为个体收入水平影响下的消费异质性选择行为铺垫了理论与实证基础。相关的研究进展与文献梳理,更为基于区域收入分布差异视角的消费特征研究提供了合理借鉴与理论指导。

研究思路与主要内容:

本书拟对收入空间分布不平衡的消费特征展开研究,其目的是基于不平衡不充分的发展背景对区域间收入分布不均衡所诱发的一系列居民消费需求特征予以剖析,借以从差异的区域消费需求演变特征为现阶段解决供需匹配失衡问题提供参考。

从本书脉络来看,主要遵循"区域经济发展不平衡—居民收入分布差异—消费需求区域非均衡演变—居民消费结构优化区域差异—新兴消费市场发展的区域异质性"这一逻辑思想主线。具体可解析为三方面的内容:一是从区域间居民收入分布的差异入手,从理论与实证两方面分析其对居民不同层次消费需求差距的内在作用机理;二是基于家庭个体与地区禀赋特征的不同,考虑不同收入分布状态对家庭消费结构变化的影响,以实证检验收入分布差异引致的个体消费特征理论预期;三是个体消费行为的累积必然会对消费市场产生冲击,从微观基础出发进一步分析收入分布差异对新兴消费影响的区域性门限特征,继而从宏观角度对新兴消费市场升级条件做出更深层次的探讨,以实证检验收入分布差异引致的消费市场特征理论预期。根据上述实证检验内容,本书中将其归结为区域收入分布差异的消费不平等特征、消费结构特征与消费非线性特征三种不同层次的消费需求特征。

在上述研究思路下,拟解决的相关问题如下所示:

第一，基于相关理论与实证研究进展，从区域收入分布差异这一全新的角度分析消费需求演变影响因素，明晰收入分布差异诱发的个体消费特征与消费市场特征的理论内涵。

第二，明确现阶段中国城镇居民收入水平的空间集聚特征，拟合出收入分布区域性变迁趋势，并在此基础上利用计量方法对区域收入分布差异做出分解。

第三，需要对区域间居民消费分布特征及差距进行刻画，充分考虑不同收入与消费层次组群的异质性问题。

第四，在跨期情形下，有必要分析个体消费偏好与行为演变的地区差异，需考虑如何在消费需求系统研究中引入收入分布差异的影响因素。

第五，在考虑消费需求区域差异因素的影响后，要解决收入水平与新兴消费升级条件的区域性匹配问题。

在具体研究框架下，本书主要研究内容安排如下：

第 1 章是绪论部分。主要对本书的研究背景与研究意义进行介绍，并梳理出相关研究进展，同时给出本书的整体研究思路、主要研究内容、研究方法与主要创新。

第 2 章是对收入空间分布不平衡的消费特征理论内涵的阐述，以奠定后续实证研究的理论基础。首先对相关现代经典消费理论演化进行回顾，以阐明收入与消费的关系，由此说明引入区域性视角考察收入与消费关系的重要性。其次，对收入差距与消费需求的关系、收入分布与异质性消费的关系进行深入探讨，以奠定后续区域收入分布差异的消费特征理论基础。之后根据相关理论基础，结合中国现实背景阐明收入分布差异与区域消费需求的内在关联机制，并对收入分布差异引致的个体消费特征与消费市场特征做出解析。

第 3 章是对收入空间分布不平衡的多维拟合、分解与测度。首先采用中国统计年鉴数据对中国城镇居民收入水平的空间集聚特征进行分析，在此基础上分别根据中国家庭收入调查（CHIP）与中国家庭动态跟踪调查（CFPS）刻画出收入分布变迁的区域性演变特征。之后，利用相对分布方法对区域间收入分布差异做出对比分析，并采用计量方法构建反事实分布将收入分布差异分解为收入水平差距导致的"均值差距"与组群规模区域分布不均导致的"分配差距"两种主要指标，以此在后续研究中从具体细节分析其与居民消费需求的关系。

第 4 章是从实证角度进行收入空间分布不平衡的消费不平等特征研究。基于无条件分位数回归的方法刻画出城镇居民消费分布特征的变化，并应用再中心化影响函数（RIF）对区域间不同层次的居民消费差距进行分解研究。

进一步,基于第 3 章构造的收入分布差异分解指标检验其对区域间居民消费不平等的作用机理,以评估收入水平差距与组群分布不均分别对区域间不同层次的消费差距产生的影响。

第 5 章是收入空间分布不平衡对家庭消费结构演变的作用机制研究。该章首先对中国城镇居民消费结构区域演变特征进行了描述,进而结合空间杜宾模型(SDM)检验了收入水平对消费结构优化的影响以得到消费结构优化的空间依赖性特征与空间溢出效应。其次,从微观角度将区域间收入分布差异的分解指标引入改进的扩展线性支出系统(ELES)中,通过居民基础型消费与发展型、享受型消费的需求变化分析其对家庭消费结构优化的冲击。以此,能够从个体消费结构变化的区域性差异对收入分布差异所诱发的区域间居民消费不平等给出进一步的解释。

第 6 章是基于收入空间分布不平衡的消费非线性特征研究。承接上一章对个体消费结构演变的区域性差异,这一章具体探索了区域收入分布差异对文化消费这一代表性新兴消费市场的非线性作用机制。具体来看,首先对中国城镇居民文化消费需求演变趋势进行统计性分析。之后,应用门限回归模型识别各区域城镇居民收入水平对文化消费影响的收入门限阈值,以得到城镇居民收入水平与文化消费升级的区域异质性匹配条件变化。进一步,通过检验区域间不同消费层次组群收入水平与消费组群规模差异对文化消费市场需求差距的作用,得到如何刺激潜在新兴消费市场需求的对策建议。

第 7 章是根据上述内容对供给侧与需求侧改革进行再思考,提出相应的管理建议,总结出本书研究得到的一系列结论与相关启示。

研究方法:

本书基于大量的国内外相关研究基础,主要采用理论与实证相结合、定性分析与定量分析相结合的方式对中国城镇居民区域收入分布差异的消费特征研究做出探讨。同时,应用 Stata、Matlab、Arcgis 与 Geoda 等软件并且借助数理模型、统计数据与可视化图表分析的研究手段实现本书的最终论证结果。其具体研究方法如下:

(1)数理分析方法

借鉴相关现代经典消费理论,从宏观与微观两方面数理验证了收入差距对总消费需求的影响。结合中国特殊的经济社会发展背景,基于 Blinder(1975)的遗赠储蓄模型,在朱国林(2002)、孙巍等(2013,2015)的理论研究基础上,分析了收入分布对异质性消费的影响,以探究区域收入分布差异的消费特征理论内涵。同时,一方面基于 Frank(1985)的研究构建了基于相对收入假说与地位寻求理论的消费者效用函数模型，以解析不同收入分布影响下个体消费行为差异；另一方面根据异质性消费假说，揭示了消费市场的区域异质性发展趋势。

（2）实证分析方法

第一，在对收入分布特征进行分析时，采用了局部自相关指标探究收入水平空间集聚特征变化。在此基础上，基于非参数核密度估计刻画出了收入分布的区域性变迁趋势，并采取了相对分布与反事实分析的方法对分布差异进行对比与分解，以设计出反映分布曲线位置、尺度与形态差异的分解指标。

第二，对区域收入分布差异的消费不平等特征进行研究，主要应用了无条件分位数回归与再中心化影响函数（RIF）分别对区域消费分布特征与差距予以刻画和分解，充分考虑了不同收入与消费层次群体的异质性问题。无条件分位数回归与再中心化影响函数能够减少过多或遗漏控制变量所带来的内生性影响，可以直观地反映收入分布差异所引发的不同层次的消费差距。

第三，区域收入分布差异对家庭消费结构演变影响的研究中，在进行传统计量模型分析之前，首先采用了空间杜宾模型（SDM）分析了收入水平对消费结构优化的影响，并基于消费结构优化的空间集聚特征与空间溢出效应发现消费结构升级具有很强的空间关联性，减少了可能导致的偏差问题。其次，对扩展线性支出系统（ELES）进行了改进，加入了收入分布差异的影响因素，以得到其对家庭消费结构优化区域性差异的作用结果。

第四，为揭示区域收入分布差异对新兴消费市场的影响，本书采用了门限回归模型探究了各区域城镇居民收入水平对文化消费这种代表性新兴消费的非线性作用机理，能够捕捉其收入水平与文化消费升级条件的区域性匹配变化趋势。

主要创新：

本书研究的特色之处与可能的创新主要体现在以下三个方面：

首先，就理论意义而言，本书基于相关理论基础与实证研究前沿提出了收入空间分布不平衡的消费特征理论观点，在中国城镇居民消费需求演变的研究中引入了区域收入分布差异这一新的角度，充分考虑到了现阶段区域发展不平衡的现实状况所产生的影响。就现实意义而言，在特殊国情背景下，通过先进的技术方法从深层次逐步实证检验了区域收入分布差异所诱发的一系列消费特征演变结果，对现实问题具有更为良好的解释力。

其次，从研究内容来看，研究基于收入分布曲线的多维拟合可以将收入分布差异分解为收入分布曲线位置、尺度与形态的区别，并创新性地赋予其新的现实含义。区域收入分布差异具体可以解析为两方面内容，一方面是不同的收入分布曲线位置所代表的地区间收入水平差距，另一方面是不同的收入分布曲线尺度与形态所代表的不同收入组群规模的区域差异。通过对收入分布差异分解指标的构建，不仅能够清晰地考察不同收入水平对消费需求的冲击，也能够全面地分析收入组群规模变化对消费需求深层次的作用机理。基于收入分布差异分解指标，并结合空间计量经济学等方法从收入分布差异与区域消费需求关联机制、收入分布差异的个体消费特征以及收入分布差异的消费市场特征三个层次实证检验了本书提出的区域收入分布差异的消费特征理论观点。

最后，就研究方法而言，本书首先采用局部自相关方法对城镇居民收入水平空间集聚特征予以分析。其次，基于非参数核密度估计的方法，对中国城镇居民收入分布情况进行了多维度拟合，以刻画其具体的收入分布变迁演变趋势。之后，先后应用了相对分布、反事实分解方法、无条件分位数回归、再中心化影响函数（RIF）、空间杜宾模型（SDM）、改进的扩展线性支出系统（ELES）、门限回归模型等先进的技术，充分发挥了计量经济学模型对现实问题实证分析的优势。

第 2 章　收入空间分布不平衡的消费特征理论内涵

　　消费作为宏观经济运行中的主要环节,对于经济的增长具有重要的作用,有关消费的理论分析与实证研究也一直处于经济学研究中的核心地位。改革开放以来中国经济经历了 40 多年高速的增长,使得居民收入水平大幅度提升,这一过程所经历的时间相对于其他国家来讲短了许多,同时也意味着中国所遇到的问题相较其他国家而言更为复杂。从中国居民 40 多年来的消费需求演变来看,需求总量不断增长,需求结构持续变化,但不平衡不充分的发展却带来了地区之间居民收入与消费的不平等、供给结构与需求结构不匹配、居民消费潜力释放不充分等现实矛盾。这就决定了中国居民消费需求的演变会面临有别于经典理论规律的新问题。

　　因此,关于中国城镇居民消费需求的研究既需要借鉴现代经典消费理论,更需要结合中国特殊的经济社会发展现实状况。在这一章节,本书将针对中国城镇居民消费需求的地区非均衡现状,在国内外理论研究基础下提出区域收入分布差异的消费特征理论,从收入分布差异角度对这一问题进行新的阐述与解析。区域收入分布差异的消费特征是在考虑区域因素前提下,分别剖析收入水平差距与分布结构差异对居民消费需求产生的冲击。首先,对相关现代经典消费理论基础中居民收入与消费的关系进行了回顾,引入在区域性视角下探索收入与消费关系的理论观点,继而探讨居民收入差距与消费需求的关系、收入分布与异质性消费的关系,以奠定区域收入分布差异的消费特征理论基础;其次,在相关理论基础背景下,结合大量经验研究从理论角度阐述区域收入分布差异的消费特征理论预期。

2.1　收入空间分布不平衡的消费特征理论基础

　　国内外各研究方向的学者通过对收入与消费关系的分析,得到了丰硕的研究成果。针对于此,本节首先将对现代经典消费理论基础进行大概的梳理以阐述收入与消费的关系,以证明引入区域性视角探讨收入与消费关系的重要性。其次,针对本书的研究目的,主要从两个方面展开对收入与消费关系的理论分析:一是收入差距与消费需求的关系;二是收入分布与异质性消费的关系。

2.1.1 相关经典消费理论演化的基础回顾

消费理论大致经历了四个阶段(朱国林,2001)。第一个阶段以绝对收入假说作为代表性理论。绝对收入假说是由 Keynes 建立在宏观分析基础上的理论,其最先探索了当期收入与消费的关系,认为居民当期可支配收入决定了其当期消费,收入与消费主要体现为函数关系,以此验证了"边际消费倾向递减规律",即居民收入水平的提高会降低其对应的消费倾向,但该理论对消费心理具有主观的判断,忽视了微观经济基础,因此具有明显的缺陷。随着二战之后西方各国的经济逐渐复苏,Keynes 的理论对于当时现实消费情况的解释力有所减弱,因此 Duesenberry(1949)结合社会心理学对该理论做出了补充与修正,继而提出了相对收入假说,但总体上其仍处于 Keynes 理论的分析框架下。相对收入假说认为居民消费不仅依赖于其消费惯性,同时依赖于其所处环境的消费水平,前者被称为"棘轮效应",后者则被称为"示范效应"。

第二个阶段是以 Modiliani 的生命周期理论(LCH)与 Friedman 的持久收入假说(PIH)为主,主要从经济学微观基础的理论思维出发而进行的一系列关于消费者行为的研究。其中,生命周期理论认为居民一生的收入主要可分为两个阶段,第一个阶段是收入水平高于消费支出,第二个阶段是收入水平低于消费支出,因此当居民年轻时,会产生养老的储蓄动机,以令其整个生命周期内的消费支出最优化。生命周期理论的消费函数为

$$C = \alpha W + \beta Y \tag{2.1}$$

其中,W 代表实际的财富;α 为财富的边际消费倾向;β 为收入的边际消费倾向。

在 Friedman 的持久收入假说中,把收入分为了持久性收入和暂时性收入两部分,即 $Y = Y_P + Y_T$。该理论认为居民不会因暂时性收入的波动调整消费,只有持久性收入的波动会对消费产生冲击,此时其消费函数为

$$C = \alpha Y_P \tag{2.2}$$

其中,α 代表持久性收入中用于消费的比例。尽管生命周期理论和持久收入假说均强调消费不受当期收入的影响,但生命周期理论认为居民一生的收入是循环的,而持久收入假说则认为一生的收入会经历随机的以及暂时性的波动。生命周期-持久收入假说(LC-PIH)虽然引入了相对成熟的微观理论基

础，然而缺乏相关的实证检验。

第三个阶段主要以 Hall 的随机游走假说（RWH）为代表。在生命周期-持久收入假说的基础上，Hall（1978）引入了理性预期和随机过程，得到了消费者服从随机游走过程的这一结论，即随机游走假说（RWH）。但随机游走假说只是生命周期-持久收入假说在理性预期下所进行的扩展，其本质是相同的。这些理论都明确指出微观主体消费的目的是增加其效用，因此消费函数必须建立在消费者效用最大化的基础上，理性的消费者会根据当前收入和预期的未来收入等信息来选择其一生的消费路径来达到效用最大化的目的。

第四个阶段是根据随机游走假说理论基础所拓展的预防储蓄理论、流动性约束理论与"λ假说"等，这些理论均表明收入是消费的主要决定要素。尽管随机游走假说（RWH）加入了对收入风险的考虑，但 Flavin（1981）与 Campbell 和 Deaton（1989）对随机游走假说（RWH）的计量结果却否认了其正确性，前者通过计量方法发现了"消费过度敏感性"，后者基于计量模型发现了"消费过度平滑性"。为规范预防动机，Campbell（1991）提出了预防储蓄理论，将不确定性引入到分析框架之中，有效地解释了不确定性对消费者可能造成的影响，既包括收入的不确定性，也包含消费的不确定性。另一方面，金融市场的不完善决定了居民在低收入时不能通过借贷或抵押来应对收入的暂时性下滑，难以像持久收入假说提出的通过借贷来维持原有的消费水平。因此，消费者被迫降低当前的消费与增加储蓄，这就意味着消费者在消费过程中存在明显的流动性约束。预防储蓄理论与流动性约束均表明，消费者可以通过降低当前消费、增加储蓄来提高低收入时的消费水平，以此达到终生平滑消费的目的。Campell 和 Mankiw（1989）提出的"λ假说"将随机游走假说与 Keynes 的绝对收入假说进行了结合，提出了异质性消费者的存在，一部分消费者会按照当期收入进行消费，另一部分消费者则由预期收入决定，以减小不确定的影响。到 20 世纪 90 年代，针对不确定性因素，Deaton 提出缓冲存货假说，指出持有资产也同样可以达到平滑消费的效果。

可以说消费理论始终在不断演化推进，是针对居民消费实际规律所凝练出的精华，为消费问题的研究奠定了坚实的逻辑框架。基于现代经典消费理论，在对收入与消费关系的理论分析中，学者们开始逐渐考虑区域禀赋所产生的影响。消费理论的扩展研究中，不断与新经济地理学理论、城市经济学理论等空间经济学理论相融合，从空间层面建立了收入、消费与空间的互动基础（石明明和刘向东，2015）。社会发展与经济增长于时间及空间发展的独立性，明显存在的地区差异与不同区域居民福利的不平等，都决定了综合性的社会理论或者经济理论中均应包含"空间"因素，忽视"空间"因素的作用会降低理论对现实问题的解释能力(Isard,1949)。更具体而言,基于空间经济学研究,流动要素的区域布局会导致国民收入地区分配差距,继而诱发地区间福利差距(安琥森和蒋涛,2006)。由于居民收入是消费需求最重要的影响因素,因此纳入区域性影响因素后居民收入与消费的关系会表现出一定的空间相关性(马骊和孙敬水,2008;孙敬水和马骊,2009;韩玉萍等,2015),形成以区域分隔的异质性收入与消费群体。由此,对于针对中国居民收入与消费需求关系的研究而言,更应该从区域性视角对其进行探索。

2.1.2　收入差距与消费需求关系的理论分析

关于居民收入差距与消费需求关系的研究,尚未有较为成熟的理论模型,一般主要以 Keynes(1936)提出的绝对收入假说作为两者关系的参考依据。在绝对收入假说理论中,认为收入与消费之间存在着稳定的线性关系,消费是由收入决定的线性函数,即:

$$C = \alpha + \beta I \tag{2.3}$$

其中,C 代表居民消费支出;$\alpha > 0$ 代表自发消费,即可支配收入为 0 时仍需保持的基本生活消费;β 为边际消费倾向且取值范围为 $0 < \beta < 1$,I 为居民可支配收入。根据绝对收入假说理论,随着可支配收入的增加,会导致边际消费倾向减小,这就是边际消费倾向递减的规律。当居民收入水平较低时,维持基本生活需求的消费支出会占据很大比例的居民收入,只有当满足基本生活需求之后,居民才有余裕的收入用于储蓄作为预防性支出,以此实现效用最大化。由于伴随收入增加,消费支出所占比例降低,因而低收入者的边际消费倾向高于高收入者。从理论而言,当经济总量一定时,存在最优的居民收入分配使得社会居民总消费需求最大化。

为了分析地区间居民收入差距对社会总消费需求的影响,借鉴王青等(2017)的研究,在绝对收入理论框架下,设定有低收入与高收入两个地区,低收入地区居民收入水平低于高收入地区居民收入水平,此时可以分别设定低收入地区人口数量为 l,高收入地区人口数量为 h,C_l 与 C_h 分别代表低收入地区与高收入地区的居民平均消费倾向,c 为居民总体人均消费支出,$\overline{C}$ 为居民总体平均消费倾向;同样,可以设定 I_l 与 I_h 分别表示低收入地区与高收入地区的居民总收入,i_l 与 i_h 则分别为低收入地区与高收入地区的居民人均可支配收入,i 为居民总体人均收入。同时,设定 $\mu = i_l / i_h$,表示低收入地区与高收入地区间居民平均收入差距水平。

此时,社会居民消费需求总量如公式(2.4)所示:

$$C = C_l I_l + C_h I_h = lC_l i_l + hC_h i_h \tag{2.4}$$

由 $\mu=i_l/i_h$ 可得 $i_l=\mu i_h$，代入式（2.4）可以得到：

$$C = lC_l\mu i_h + hC_h i_h = i_h(lC_l\mu + hC_h)$$

社会居民总收入与居民总体平均消费倾向分别如公式（2.5）与（2.6）所示：

$$I = I_l + I_h = li_l + hi_h \qquad (2.5)$$

$$\overline{C} = C/I \qquad (2.6)$$

同样将 $i_l=\mu i_h$ 分别代入式（2.5）与式（2.6）可得：

$$I = l\mu i_h + hi_h = i_h(l\mu + h)$$

$$\overline{C} = \frac{l\mu}{l\mu + h}C_l + \frac{h}{l\mu + h}C_h$$

根据上式，推导得到 $i_h = I/(l\mu+h)$。

通过整理得到：

$$C = \frac{I(lC_l\mu + hC_h)}{(l\mu + h)} = I\left(\frac{lC_l\mu}{l\mu + h} + \frac{hC_h}{l\mu + h}\right)$$

$$= \left[C_l + \frac{h}{l\mu + h}(C_h - C_l)\right]I \qquad (2.7)$$

$$\overline{C} = C_l + \frac{h}{l\mu + h}(C_h - C_l) \qquad (2.8)$$

由此，能够发现在总收入 I 一定时，低收入地区与高收入地区间居民平均收入差距的程度 μ 对总体消费需求 C 具有直接的影响。居民总体平均消费倾向 $\overline{C}$ 同样取决于 μ 的大小，当地区间居民平均收入差距扩大时，总体平均消费倾向 $\overline{C}$ 降低。

进一步，根据上式设定函数如公式（2.9）所示。

$$f(\mu) = C_l + \frac{h}{l\mu + h}(C_h - C_l) \qquad (2.9)$$

根据泰勒公式对式（2.9）在 $\mu=0$ 处展开可得到其一阶项为

$$f(\mu) \approx f(0) + \mu f(0) \approx C_h - \mu \frac{l}{h}(C_h - C_l)$$

此时，$C \approx I\left[C_h - \mu \dfrac{l}{h}(C_h - C_l)\right]$，可以表示出居民消费需求总量 C 与地区间居民平均收入差距 μ 的函数关系。当不等式两边同时除以 $l+h$，即除以人口总量，不等式可以整理为：

$$c \approx i\left[C_h - \mu \frac{l}{h}(C_h - C_l)\right] \qquad (2.10)$$

由此可知，居民总体人均消费 c 不仅仅受居民总体人均收入 i 的影响，还受到地区间居民平均收入差距 μ 的影响。在总体人均收入不变的情况下，地区间居民平均收入差距程度上升会降低总体人均消费需求。从宏观总量角度来看,可以推得当地区间收入分配严重不均衡时,整个社会消费需求降低的结论。

此外,Modigliani(1954)在广义的生命周期假说中同样认为从长期来看,通过遗赠效应,居民收入差距的扩大会导致消费需求不足。这在一定程度上弥补了绝对收入假说中仅考虑现期收入对消费的影响,而忽略了持久性收入的问题。在前人研究基础上,Campbell 和 Mankiw(1991)提出了"λ 假说",认为社会中一部分居民按照现期收入选择消费,而另一部分居民则根据持久性收入选择消费。当居民收入差距扩大时,如果按照现期收入选择消费会通过影响居民消费倾向而使得消费需求降低;如果根据持久性收入选择消费,则通过遗赠效应导致消费需求减少。

从微观视角出发,基于信息不对称的市场交换模型,可以进一步验证不同程度的地区间平均收入差距与消费需求间的关系。根据 Maskin 和 Riley(1984),程磊(2011)的研究,假定在信息不对称市场中,厂商不了解消费者所愿意的消费支出,此时设定消费者效用函数为

$$u(q, T, \phi) = \int_0^q p(x, \phi) \mathrm{d}x - T \tag{2.11}$$

其中,q 为消费者的总购买量;T 代表消费者所支付的总费用;ϕ 表示消费者的类型,在这里设定其分为低收入地区消费者 ϕ_l 与高收入地区消费者 ϕ_h,$\phi_l < \phi_h$,低收入地区消费者收入小于高收入地区消费者收入;$p(x, \phi)$ 为不同地区类型消费者的反需求函数。事实上,$u(q, T, \phi)$ 可被视为不同地区类型消费者的消费者剩余。在总购买量 q 与支出总费用 T 不变条件下,ϕ 越大,效用越高,即消费者剩余越高。这表示若价格水平相同,高收入地区消费者的购买量大于低收入地区消费者;若购买量相同,高收入地区消费者所支付的费用高于低收入地区消费者。进一步,可假定效用函数具体形式为 $u(q, T, \phi) = \phi v(q) - T$,对于所有 q,存在 $v(0) = 0, v'(q) > 0, v''(q) < 0$,$v(q)$ 为过原点的单调递增凹函数。同时,设定低收入地区消费者比例为 μ,高收入地区消费者比例为 $1 - \mu$,假设厂商不知道消费者具体类型,只知道不同消费者比例。厂商利润为 $\pi = T - cq$,常数 c 代表生产每单位产品的成本。

假定消费者无谈判能力,由于厂商不能分辨消费者类型,所以提供两种合约 (q_l, T_l) 与 (q_h, T_h) 供消费者选择,T_i 为 q_i 的函数,i 等于 l 或 h。此时,最优化问题可转变为厂商利润最大化问题,目标函数如公式(2.12)所示:

$$\max_{T_i, q_i} \pi = \mu (T_l - cq_l) + (1 - \mu)(T_h - cq_h) \tag{2.12}$$

设定上式满足激励相容约束(2.13)与(2.14)以保证低收入地区消费者与

高收入地区消费者选择与之匹配的合约,同时满足个人参与约束(2.15)与(2.16)以保证低收入地区消费者与高收入地区消费者均参与市场交换。

$$\phi_h v(q_h) - T_h \geqslant \phi_h v(q_l) - T_l \tag{2.13}$$

$$\phi_l v(q_l) - T_l \geqslant \phi_l v(q_h) - T_h \tag{2.14}$$

$$\phi_h v(q_h) - T_h \geqslant 0 \tag{2.15}$$

$$\phi_l v(q_l) - T_l \geqslant 0 \tag{2.16}$$

通过上述条件,可得 $\phi_h v(q_h) - T_h \geqslant \phi_h v(q_l) - T_l \geqslant \phi_l v(q_l) - T_l \geqslant 0$。若在完全信息条件下,即厂商了解消费者类型,则存在 $\phi_i v'(\tilde{q}_i) = c, \phi_l v(q_l) - T_l \geqslant 0$。此时,如果激励约束(2.13)不存在,高收入地区消费者会自然偏好于 $(\tilde{q}_l, \tilde{T}_l)$,而非 $(\tilde{q}_h, \tilde{T}_h)$。对于低收入地区消费者而言,即使激励约束(2.14)不存在,其依旧会选择 $(\tilde{q}_l, \tilde{T}_l)$,如果选择 $(\tilde{q}_h, \tilde{T}_h)$,其效用将为负。对于厂商而言,会尽量使 T_l 与 T_h 提高,最后(2.13)式与(2.16)式会在等号处成立。整理可得:

$$\max_{T_i, q_i} \pi = \mu(T_l - cq_l) + (1-\mu)(T_h - cq_h)$$

$$\text{s.t.} \begin{cases} \phi_h v(q_h) - T_h = \phi_h v(q_l) - T_l \\ \phi_l v(q_l) - T_l = 0 \end{cases}$$

求解最优化问题并代入目标函数中,能够得到:

$$\max_{q_l, q_h} \pi = \mu[\phi_l v(q_l) - cq_l] + (1-\mu)[\phi_h v(q_h) - cq_h - (\phi_h - \phi_l)v(q_l)] \tag{2.17}$$

对上式分别求 q_l 与 q_h 的偏导数可得:

$$\frac{\partial \pi}{\partial q_l} = \mu[\phi_l v'(q_l) - c] + (1-\mu)[-(\phi_h - \phi_l)v'(q_l)] = 0$$

$$\frac{\partial \pi}{\partial q_h} = (1-\mu)[\phi_h v'(q_h) - c] = 0$$

求解出其结果为

$$\phi_l v'(\bar{q}_l) = \frac{c}{1 - \left(\frac{1-\mu}{\mu}\right)\left(\frac{\phi_h - \phi_l}{\phi_l}\right)} \tag{2.18}$$

$$\phi_h v'(\bar{q}_h) = c \tag{2.19}$$

进一步整理可得:

$$v'(\bar{q}_l) = \frac{c\mu}{\phi_l - \phi_h(1-\mu)} \tag{2.20}$$

根据结果可知,地区间居民收入差距扩大时,意味着 ϕ_h 增大,ϕ_l 减小,此时高收入地区消费者消费需求增加。而由于 ϕ_h 的增长速度大于 ϕ_l,所以低收入地区消费者消费需求降低。已知社会总消费需求 $q = \mu \bar{q}_l + (1-\mu)\bar{q}_h$,所以

不同程度的地区间居民收入差距会通过影响高收入地区消费者与低收入地区
消费者的消费需求从而作用于社会总消费需求。

2.1.3　收入分布与异质性消费关系的理论分析

基于前文的理论回顾可知,不同收入水平的居民具有不同的消费倾向与
消费需求,这种差异性的存在从侧面证实了收入分布会对消费需求产生影响。
然而,现代经典消费理论大多依据先验性经验对不同收入水平所诱发的消费
需求效应进行分析,而未采用数理方式加以推导证明。针对收入分布与消费
需求的关系,Blinder(1973)提出了遗赠储蓄模型,该理论认为将遗赠的边际
效用弹性纳入分析框架之后,只要消费的边际消费效用弹性与其不相等,则居
民平均消费倾向就会伴随收入的变化而变化。通过遗赠储蓄模型,发现不同
收入水平居民储蓄动机的差异会导致其产生异质性的消费倾向。居民消费的
动机是为了获取即时效用,而储蓄的动机则各不相同(朱国林等,2002;苏鹏,
2014;杨程博,2015)。基于这一启示,就可以依据不同的储蓄动机来分析收入
分布与异质性消费之间的关系。

为了进一步探究收入分布对异质性消费的影响,首先需要考虑不同类型
储蓄动机的影响程度。在现有研究中,储蓄动机可区分为生命周期储蓄动机、
遗赠储蓄动机、预防性储蓄动机、跨期替代储蓄动机、投机储蓄动机,等等。其
中,除去明显依赖于心理学与社会学解释的动机之后,主流经济学一般认为对
消费产生影响的储蓄动机主要包括生命周期储蓄动机、遗赠储蓄动机与预防
性储蓄动机。根据 Musgrave(1980)的研究能够发现储蓄动机产生的前提条
件是居民收入达到一定水平。在其研究中,对居民收入进行了划分,一部分用
于满足基本生活需求的支出,即维生收入;另一部分是满足生存需求以外的收
入,即额外收入。在收入划分下,居民消费主要受额外收入影响。若收入均用
于维持基本生活需求,则居民储蓄倾向偏低。当收入小于维生收入,居民不会
选择储蓄,只有当收入大于维生收入,居民才具有储蓄动机。不同收入层次居
民具有差异的储蓄强度与数量,也就导致了异质性消费的产生。下面本章将
分别根据生命周期储蓄动机、遗赠储蓄动机与预防性储蓄动机这三种不同的
储蓄动机类型对收入分布与消费的关系进行分析。

第一种类型为生命周期储蓄动机。Blinder(1975)认为在标准生命周期
假说下,消费者储蓄的目的是在退休后收入减少时用于养老,即根据现期与预
期收入总和来安排一生的消费轨迹,使消费轨迹尽可能地趋向平滑。此时,消
费者效用水平与其后代的福利无关,而是根据效用最大化原则安排一生的收
入。这同时意味着消费者长期平均消费倾向不变,其不受收入水平变化的影

响。由于收入等于消费与储蓄之和，因此生命周期储蓄倾向与收入水平无关。不同收入水平组群均将采用收入的固定比例 k 用于储蓄。

第二种类型为遗赠储蓄动机。根据广义生命周期假说，消费者效用水平不仅与一生的消费有关，也受到其后代福利水平的影响。消费者除了有自身生命周期的储蓄，同时也有出于遗赠目的的储蓄。具体来讲，出于遗赠储蓄动机，消费者的平均消费倾向与收入水平成反比，如图 2.1 所示。其中，横轴 I 为收入，纵轴 b 为平均遗赠储蓄倾向，I_0 代表维生收入，b_0 代表接近于 0 的平均遗赠储蓄倾向。当 $I \leqslant I_0$ 时，平均遗赠储蓄倾向为 b_0，即维持在最低的储蓄水平；而当 $I > I_0$ 时，消费者遗赠储蓄倾向可由收入的函数形式表示，其增长速度由弱到强，呈现指数型增长，此时消费倾向伴随收入水平上升呈现指数型下降。

第三种类型为预防性储蓄动机。预防性储蓄理论主要是在 LCH-PIH-RE 分析框架中加入了不确定性因素。由于信贷市场的不完善，以及居民收入水平的不确定性，消费者会选择储蓄以预防不确定性因素，因而各收入水平消费者对风险的厌恶程度会对预防性储蓄倾向强弱产生影响。就中国国情而言，由于流动性约束等原因使得低收入者面临的风险比高收入者更高，如图 2.2 所示。其中，I 代表收入，p 代表平均预防性储蓄倾向，I_0 代表维生收入，p_0 代表接近于 0 的平均预防性储蓄倾向。当 $I \leqslant I_0$ 时，平均预防性储蓄倾向为 b_0，即维持在最低的储蓄水平；而当 $I > I_0$ 时，平均预防性储蓄倾向增长速度由强到弱，呈现指数型下降。其原因在于一开始消费者额外收入较低，此时会偏向于预防性储蓄而非消费，随着收入不断提升，消费者面临的风险减弱，此时平均预防性储蓄倾向不断下降，消费倾向开始上升。

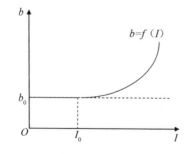 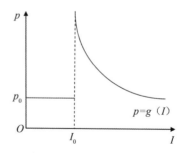

图 2.1　收入水平与平均遗赠储蓄倾向　　图 2.2　收入水平与平均预防性储蓄倾向

根据朱国林等（2002）的研究，假设 TS 为总平均储蓄倾向，则存在 $TS = b + p$，$TS < 1$。同时当 $I \geqslant I_0$ 时，令 $b = f(I - I_0)$，$p = g(I - I_0)$，则有 $TS = b + p = f(I - I_0) + g(I - I_0)$。由于存在 $\lim\limits_{I \to +\infty} b = 1 - k$，$\lim\limits_{I \to 0} b = 0$，$\lim\limits_{I \to +\infty} p = 0$，$\lim\limits_{I \to 0} p =$

$1-k$，进一步推导可证明：

$$\lim_{I \to +\infty} TS = \lim_{I \to +\infty} b + \lim_{I \to +\infty} p = 1-k \qquad (2.21)$$

$$\lim_{I \to 0} TS = \lim_{I \to 0} b + \lim_{I \to 0} p = 1-k \qquad (2.22)$$

就 TS 表达式对 I 求导发现，TS′为递增函数，意味着收入 I 在趋近于正无穷时，TS′存在最大值；收入 I 在接近维生收入 I_0 时，TS′存在最小值。由此，可推导出总平均储蓄倾向与收入水平的关系最终如图 2.3 所示。伴随收入水平提升，总平均储蓄倾向曲线呈现出"U"形趋势。不同的平均储蓄倾向将收入划分为了 4 个层次的消费者。已知总平均储蓄倾向 TS 与总平均消费倾向 TC 满足 TS＋TC＝1，此时能够推导出这 4 个收入层次消费者的总平均消费倾向与收入水平的关系，如图 2.4 所示。

图 2.4 解析了在不同平均储蓄倾向划分下所产生的总平均消费倾向随收入层次而产生的变化，其蕴含了收入分布与异质性消费之间的关系。在这里，将上述划分的 4 种消费者区分为最低收入者、低收入者、中等收入者与高收入者，其位于不同的收入分布区间。

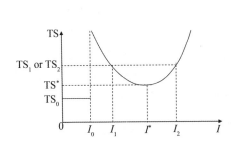

图 2.3　收入水平与异质性储蓄倾向 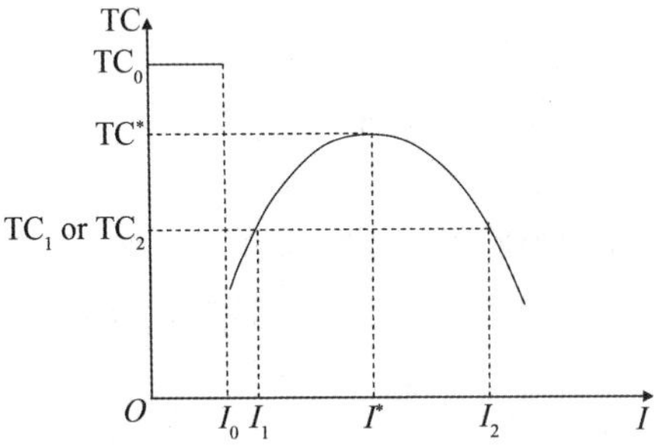　　图 2.4　收入水平与异质性消费倾向

对于最低收入组群而言，即 $I \leqslant I_0$，其需将全部收入用于维持基本生活需求，此时这部分人群的平均消费倾向最高，而储蓄倾向最低。

对于低收入者来讲，即 $I_0 < I \leqslant I_1$，该层次组群的平均储蓄倾向较高，而平均消费倾向较低。这意味着该收入组群面临较大的不确定性风险，因此会增加预防性储蓄以用于抵抗风险。伴随收入提高，其面临的风险减弱，此时平均消费倾向得以提升。

就中等收入组群而言，即 $I_1 < I \leqslant I_2$，其平均储蓄倾向最低，而平均消费倾向偏高，并且分别呈现"U"形与倒"U"形变化趋势。这证明该层次组群在不确定性风险降低时会偏于消费，在收入达到峰值 I^* 之后，该组群将偏向于储蓄以满足遗赠动机。

对于高收入组群来讲，即 $I > I_2$，由于该层次组群已经积累了大量的财富,但市场上存在的产品与服务已经不能满足其更高的消费需求,此时平均消费倾向较低。同时,随着收入进一步提高,该组群的平均储蓄倾向因遗赠储蓄动机而上升,平均消费倾向因消费欲望降低而下降。

通过不同收入层次组群平均消费倾向的变化,可以发现在不同收入水平下,居民所产生的消费倾向与需求各不相同,收入分布所对应的便是异质性的消费组群。事实上,异质性消费者的提出打破了以往以同质性消费者为假设条件的分析框架。相比同质性消费者,异质性消费者假设更为贴近现实状况,对收入分布所产生的消费特征内涵具有重要意义。

2.2　收入空间分布不平衡的消费特征理论预期

尽管现代经典消费理论为中国城镇居民消费需求的分析提供了一定的理论借鉴,但是基于特殊的国情与经济社会发展背景,中国城镇居民消费需求的演变不同于其他国家。现阶段,中国进入经济增长向高质量发展的关键时期,然而区域发展不均衡、供给发展与实际内需不匹配、居民消费潜力释放不充分等问题不利于实现新一阶段的经济发展目标,解决上述矛盾更需要系统的理论指导。本节将基于理论与经验研究从区域收入分布差异角度对其引致的消费特征理论内涵予以阐述,并分别对其产生的个体消费特征与消费市场特征进行分析。

2.2.1　收入分布差异与区域消费需求的关联机制

在提出区域收入分布差异的消费特征理论预期之前,需要对收入分布差异与区域消费需求的关联机制进行阐述。收入分布差异与消费需求关联性研究的主要思想是在居民收入分布与消费需求分析中引入空间经济学中的区域性元素。

空间经济学最早源自 Krugman(1991)提出的新经济地理学理论,其对于新兴经济体的适用性与重要性引起了广泛关注(梁琦和黄卓,2012)。空间经济学理论认为:经济系统内生的循环因果关系决定了经济活动的空间差异。由于经济活动在地区的非均衡是普遍存在的现象,因此空间经济学的核心是将区域性元素纳入经济活动分析框架中,强调经济增长的非连续性与非单调性,并用非连续过程解释区域经济发展的差异(安虎森和蒋涛,2006)。李敬等(2014)分析了中国经济区域增长的空间关联,研究发现经济增长具有板块梯度溢出特征,由东部沿海等经济发达地区向中、西部等经济落后地区传递。

之后在区域非均衡发展背景下,中国学者针对收入与消费的研究,同样引入了区域性因素以衡量区域间收入分配与消费需求差异所带来的影响,但关于这类问题的研究仍处于起步阶段。中国居民收入于不同区域存在空间相关性与空间分异特征(孙晓一等,2015),同时收入呈现空间多俱乐部收敛趋势,低收入俱乐部规模远大于其他较富裕俱乐部(何江和张馨之,2006)。基于现代经典消费理论,收入分配差距化的演变会对居民消费产生影响,因而收入水平的差距使得居民消费水平具有显著的地区差异(丁任重和朱博,2013)。基于地区间收入分配差距的影响,居民消费需求形成了空间相关性与空间依赖性特征。吴玉鸣和陈志建(2009)发现地理效应对收敛产生正向影响,消费水平存在全域正相关性与空间异质性特征。由于居民消费同样存在显著的空间依赖性,控制消费水平与消费增速的差异才能够对省区市经济增长收敛起到促进作用(尹希果和孙惠,2011)。刘明(2015)利用空间滞后模型分析得到居民消费空间分布状况,同时验证了相对收入假说与持久性收入假说,得到居民消费存在示范效应并且消费水平存在"东高西低"现象。

上一节中从微观角度对收入分布所形成的异质性消费特征进行了分析,从宏观角度来看当把微观变量进行加总之后会形成"分布效应"(Stoker,1986),即收入分布所诱发的消费需求特征不仅仅与收入与消费的函数形式相关,同时也会受到收入分布的形态特征影响。收入分布可视为个体收入信息的集合,那么与之相对的是个体消费信息所整合的消费分布状态,消费分布既包含异质性消费水平信息,又包含异质性的消费组群信息。因此,在对消费需求区域性特征的研究中不光要单纯地考虑收入分配差距对消费的影响,同样要将收入分布特征纳入分析框架之中。各区域不同的收入分配格局会使其形成差异的收入分布状态,即地区间收入分布存在差异。市场机制作用下,收入分布差异将引致各地区不同的居民消费需求偏好与层次,以及地区间消费需求市场不平衡的现象。明确来说,收入分布所对应的是不同层次的消费需求特征,而地区间收入分布差异对应的是不同层次消费需求的区域不均衡性。因此,收入分布差异与区域消费需求关联机制主要体现在两个方面。一方面是不同收入水平所对应的整体消费层次,另一方面则是不同组群密度所对应的不同层次的消费需求规模。接下来,本章将对收入分布差异所形成的个体消费特征与消费市场特征分别做出阐述,以进一步探讨区域收入分布差异的消费效应作用机理。

2.2.2 收入分布差异的个体消费特征

推动经济向高质量发展的最终目的在于使居民分享经济社会发展的红

利，满足人民日益增长的美好生活需要，因此在关注总消费需求变化的同时，有必要分析不同收入分布状态下个体禀赋与消费行为的差异。不同收入分布状态下个体消费行为的差异一方面取决于个体收入水平，另一方面来自相对收入水平的影响。根据 Duesenberry(1949) 提出的相对收入假设理论，消费行为存在"示范效应"，即个体消费行为与周围人群的收入与消费水平相关。该情形下，消费表达式为

$$C_t = \beta_0 I + \beta_1 \bar{I} \tag{2.23}$$

其中，I 代表个体当期收入，$\bar{I}$ 代表个体所处组群的平均收入，意味着当期消费 C_t 不仅随收入 I 的变化而变化，且与其所处组群平均收入水平 $\bar{I}$ 有关。

基于相对收入假设的效用函数可被有效需求模型分为绝对效用与相对效用两部分，即

$$\max E_0 = \sum_{t=0}^{T} \beta_t [\mu_1(C_t) + \eta \mu_2(\tilde{C}_t)] \tag{2.24}$$

μ_1 表示绝对效用；μ_2 表示相对效用，分别由绝对消费量和有效消费率决定，有效消费率即为个体消费支出与组群平均消费支出之比。η 为相对效用的影响程度且 $\eta > 0$，$\tilde{C}_t$ 为相对效用中第 t 期有效消费，$\tilde{C}_t = C_t - \lambda \bar{C}_t$，$C_t$ 与 $\bar{C}_t$ 分别为个体消费与组群平均消费。

同样在相对收入假说基础上，Abel(1990) 针对其中"示范效应"提出了外部习惯作用，也就是个体周围消费水平会对其消费效用产生影响，当期消费超过周围平均水平时，才会获得额外的效用。此时，个体消费决策目标函数为

$$\max E_0 = \sum_{t=0}^{T} \beta_t \mu(C_t - \gamma_1 C_{t-1} - \gamma_2 \bar{C}_{t-1}) \tag{2.25}$$

C_t 代表个体当期消费，C_{t-1} 代表个体上一期消费，$\bar{C}_{t-1}$ 为所处群体上一期的平均消费水平，γ_1 与 γ_2 分别为"棘轮效应"与"示范效应"所产生的作用，且 $\gamma \in (0,1)$，"棘轮效应"意味着个体过去消费习惯的影响，"示范效应"为组群平均消费水平的影响。在"示范效应"作用中组群的选择尤为关键，一般认为其选择会控制在一定地理范围之内，更重视与周边人群的对比(Clark & Oswald，1996；Luttmer，2005；Sun & Wang，2013)。

从深层次来看，相对收入假说的内涵更多的是个体对自身地位的寻求，也就是个体在所处环境中的层级位置。因此，不同收入分布状态下，该区域整体收入水平与分布形态会对个体的消费选择产生影响。假设个体具有相同的绝对收入水平，基于区域不同的整体平均收入水平与分布形态，个体所处收入层次具有明显差异。如图 2.5 所示，A 区域收入分布呈现左偏形态且峰值较高，而 B 区域收入分布形态左偏趋势减弱且峰值较低，同时显现"厚尾"特征。这

表明 A 区域居民收入水平与 B 区域相比较低,中低收入以下组群规模较高,而高收入组群规模较低。尽管 B 区域居民整体收入水平较高,高收入组群较多,然而收入分布形态较为离散,意味着收入差距较大。由此,排除价格因素影响后相同收入水平的个体在 A 区域与 B 区域处于不同的收入层级。

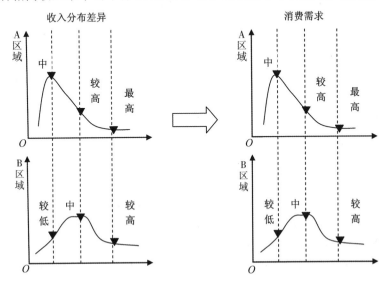

图 2.5　收入分布中个体位置与消费需求分布差异

此时,根据 Frank(1985)的研究,设定个体消费行为可以表示为

$$\max \mu(I_i - C_i) + u(C_i) + w(S_i) \tag{2.26}$$

$$S_i = g(C_i, \bar{I}_{i,k}, C_{i,k}^{\mathrm{H}}, C_{i,k}^{\mathrm{L}}) \tag{2.27}$$

其中,C_i 代表个体 i 当期消费,I_i 代表个体 i 可支配收入,S_i 为个体 i 在区域 k 所处的收入层次,在这里 k 为 A 区域或者 B 区域。$\bar{I}_{i,k}$ 为所处区域 k 的居民平均可支配收入水平,$C_{i,k}^{\mathrm{H}}$ 与 $C_{i,k}^{\mathrm{L}}$ 分别为消费层次比 i 高的人的平均消费与消费层次比 i 低的人平均消费。存在 $\mu'(\cdot) > 0, u'(\cdot) > 0, w'(\cdot) > 0$,此时,$\dfrac{\partial S_i}{\partial C_i} > 0, \dfrac{\partial S_i}{\partial \bar{I}_{i,k}} > 0, \dfrac{\partial S_i}{\partial C_{i,k}^{\mathrm{H}}} < 0, \dfrac{\partial S_i}{\partial C_{i,k}^{\mathrm{L}}} < 0$,继而存在 $\left|\dfrac{\partial S_i}{\partial C_{i,k}^{\mathrm{H}}}\right| > \left|\dfrac{\partial S_i}{\partial C_{i,k}^{\mathrm{L}}}\right|$。当 $C_{i,k}^{\mathrm{H}}$ 或 $C_{i,k}^{\mathrm{L}}$ 较多时,由 $\dfrac{\partial S_i}{\partial C_{i,k}^{\mathrm{H}}} < 0$ 与 $\dfrac{\partial S_i}{\partial C_{i,k}^{\mathrm{L}}} < 0$,可知收入层次 S_i 会减小,此时个体 i 会改变消费选择以减少收入层次降低而产生的效用下降。由此,该区域的消费情况将通过影响 $C_{i,k}^{\mathrm{H}}$ 与 $C_{i,k}^{\mathrm{L}}$ 从而对收入层次产生作用,继而对个体消费选择产生影响。在区域间相对收入水平差距与平均消费水平差距的共同作用下,绝对收入水平相同的个体消费需求会显现出不同的区域消费层次差异。这种

区域消费层次的差异体现的则是消费需求的区域分布不均衡，由此高收入地区居民的消费结构优化将先于低收入地区居民，个体消费行为呈现区域差异化演变。

2.2.3　收入分布差异的消费市场特征

通过前面的分析，可以发现现代经典消费理论最开始采用了基于同质性消费者所提出的"代表性个体"分析模式对消费需求问题进行探索。随着对微观个体行为更为深入地了解，同质性消费者思路难以适应居民消费偏好与需求的差异性演变，也并不适用于对微观个体加总后的整体需求研究。针对中国居民消费需求问题，越来越多的学者从"分布"角度入手以异质性消费者入手对消费问题展开分析。结果发现不同收入层次人群消费具有显著差异，而收入分布状态作为收入分配导致的直接结果，对居民耐用品消费与非耐用品消费均具有影响（李培林等，2009；郑志浩等，2012；孙巍等，2013；李建伟，2015；刘园等，2018）。由此，在对地区间居民消费市场的研究中，需要引入收入分布的作用机理，以此分析区域收入分布差异对消费市场的影响。

区域收入分布差异所诱发的消费特征，具体来讲就是整体收入水平差距与组群密度差距带来的区域消费层次与需求的差异。收入分布的位置决定了整体消费水平，而收入分布的形态决定了消费组群的规模。整体消费水平与消费组群密度高低直接影响了该地区的消费需求层次，继而对不同的消费市场产生影响。根据杨程博（2015）的研究，在异质性偏好假设前提下，居民收入分布状态对各类消费的影响主要取决于不同收入组群的消费偏好。根据市场主要消费群体的收入层次，能够对该消费市场的发展阶段进行判断。图2.6例举了在居民收入分布差异状态下处于不同阶段的三种消费市场。市场1为需求衰退阶段的消费市场，价格低廉且功能基本完善的商品对低收入人群具有较强的吸引力，因此该市场的主要消费组群为低收入群体；市场2代表蓬勃发展的消费市场，这一市场的产品与服务正是消费者所追求的热点，而中间收入组群则是该市场的主要消费力量；市场3处于刚刚起步的新兴消费市场阶段，新颖的产品及服务会率先被购买力最强的高收入人群接受，高收入组群对该市场的商品具有较强的偏好。可以发现，在一个市场形成以后，会经历由起步到发展，再到衰退的演化过程。主要消费群体也将由高收入人群、中间收入人群，再到低收入人群转换。就新兴市场消费升级而言，不仅收入水平对其具有影响，高收入组群与中间收入组群的规模对其也有着至关重要的作用。

其次，能够看到A区域与B区域的收入分布差异对三种消费市场具有不同的影响。对于市场1来讲，收入水平与分布状态的差异共同作用于A区域与 B 区域的衰退阶段消费市场需求差距,由于 A 区域整体收入水平较低,低收入组群规模较大,使得其对衰退期市场商品的需求更大,延缓了该市场整体衰退趋势。对于市场 2 来讲,A 区域的主要消费者位于中高收入组群,而 B 区域的主要消费者位于中等收入群体,这意味着尽管市场 2 在两个区域均处于稳定发展阶段,但消费主力并不相同。收入水平与分布状态的差异导致市场 2 在 A 区域的需求仍有上升趋势,然而在 B 区域其需求主体将转向中低、低收入组群,市场需求开始迈入衰退阶段。对于市场 3 来讲,新兴消费市场的消费主力以高收入人群为主,不同的地区收入水平与分布状态所导致的高收入组群规模差异拉大了区域间该市场需求规模的差距,但收入水平的提升与高收入人群规模的扩大能够促使该消费市场进一步升级。

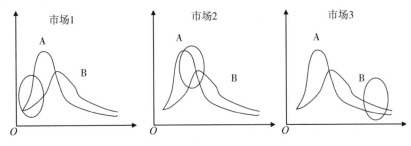

图 2.6　收入分布差异与不同阶段消费市场

基于上述分析,可知收入分布差异会导致各类商品消费市场的区域发展不同步趋势,而消费市场的发展趋势又将反向作用于居民消费。基于收入分布差异,各组群收入水平的差距体现的是对不同商品消费市场偏好的差异,分布形态诱发的组群规模差距更多地决定了消费市场演变趋势的差异。由此而言,高收入地区较高的收入水平与中、高收入组群规模会促使其商品消费市场优先发展,高收入地区居民能够更好地先一步享受新颖多样的高质量产品与服务。相对来看,低收入地区较低的收入水平与中、高收入组群规模限制了商品消费市场的发展,从而不利于释放该地居民消费潜力,难以使其充分获得高质量的产品与服务。收入分布差异诱发的各类商品消费市场发展的区域不同步性与阶梯性特征也将加深区域间居民消费的非均衡性演变趋势。

2.3　本章小结

本章针对中国城镇居民消费需求现状,从收入分布差异角度对其进行了理论分析,以此对区域收入分布差异的消费特征理论内涵予以阐述。为了更好地剖析区域收入分布差异的消费特征理论内涵，首先需要对相关的现代经典消费理论基础进行回顾，主要梳理了收入与消费的关联性，以证明在对收入与消费的关系研究中考虑区域性因素的重要性。之后具体剖析了收入差距与消费需求的关系，收入分布与异质性消费的关系，以奠定区域收入分布差异的消费特征理论基础。基于现代经典消费理论，收入差距会对消费需求总量产生影响，而收入分布形成的不同收入组群在异质性偏好假设下诱发了消费需求与偏好的分层。

其次，从中国现实国情与经济社会发展实际来看，不平衡不充分的发展导致了区域间城镇居民收入分布与消费水平的不平等。各区域城镇居民消费需求非均衡的发展既不能满足人民日益增长的美好生活需求，也阻碍了经济向高质量发展的需要。这一过程需要进行较为细致的探索，也亟需符合中国居民消费需求演变特征的理论指导，由此本章提出了区域收入分布差异的消费特征理论预期，并结合理论与经验研究对其进行了验证与分析。

最后，本章在相关理论证据支持下，得到区域收入分布差异的消费特征理论预期：第一，区域收入分布差异可分解为分布位置的差异与分布形态的差异，分布位置的差异代表了各地区不同的收入水平，分布形态的差异代表了各地区不同的收入组群规模。收入水平所对应的是整体消费水平的层次，而组群密度所对应的是不同层次的消费市场需求。第二，在关注消费需求变化的同时，有必要分析不同收入分布状态下个体禀赋与消费行为的差异。在收入分布差异作用下，相同收入的个体于各区域会处于不同的收入层次组群，因而会产生出差异的个体消费行为、偏好与需求。第三，收入分布差异会诱发异质性的区域消费市场特征，具体来讲，由于整体消费水平取决于收入分布的位置，而消费组群的规模取决于收入分布的形态。在两者共同作用下，因而会导致各类商品消费市场发展的区域非均衡趋势。

第 3 章　收入空间分布不平衡的
多维分解与测度

改革开放以来,为提高经济运行效率,区域非均衡发展成为促使中国经济发展的主要战略思想。在发挥地区比较优势的同时,地区间的经济发展差距也在逐步扩大,其诱发的居民收入、消费等经济福利不平等问题日益突显。从经济发展层面来看,伴随着产业集聚、生产要素(劳动力等)流入,东部沿海等中心地区的居民收入增长速度较快,高幅度增加的收入带来居民消费需求的迅速增长,促使消费市场由"卖方市场"向"买方市场"转变,消费需求的大量增长和偏好的持续改变也诱发了当地消费品市场的多样化演变[1],从而形成"循环因果效应"[2]。这种中心化区域优先发展的政策效应不仅引致了地区间市场发展水平与经济发展速度上的差距,也逐渐加深了地区间居民经济福利的不平衡。

为了改善地区间居民经济福利不平衡状况,国家采取转移支付等政策措施来减少人均可支配收入的差别,但区域间相对差距扩大的趋势始终存在(王小鲁和樊纲,2004)。进入 21 世纪以来,城镇居民人均可支配收入从 2001 年的 6 859.58 元提升到 2016 年的 33 616.2 元,剔除通货膨胀带来的价格弹性因素后,可以发现实际收入增幅达到 3.5 倍。但另一方面,地区间收入差距存在扩大趋势。东、中、西三个区域城镇居民人均可支配收入分别由 2001 年的 6 809.98 元、5 654.52 元与 6 171.79 元上升至 2016 年的 39 705.01 元、28 168.88元与 28 242.3 元,东部城镇居民人均可支配收入始终高于中、西部地区城镇居民可支配收入 1.4 倍以上水平,地区间收入差值额度扩大。在地区间城镇居民收入水平不均衡的情形下,不同收入组群的规模与分布结构在不同地区存在差别。高收入组群主要集中于东部地区,而低收入组群主要集中于中、西部地区,这种差异的收入组群分布结构既反映了地区间收入分配的不平等程度,又为形成地区间居民消费不平等现象的原因提供了新的解释。

---

　①　根据 Krugman(1991)的研究,规模报酬递增时消费者愿意聚集在市场较大的地方以获得更高的实际工资和消费多样化的产品种类(价格指数效应)。

　②　劳动力的流动意味生产者迁往一地后使得相关市场规模增大,使该地对消费者更具有吸引力。

不同的居民收入水平与收入组群分布正是收入分布差异的重要组成部分，通过对收入分布差异的分析能够为后续地区间异质性的消费需求研究奠定基础。由此，本章首先对收入分布进行多维度量，结合计量工具分析其演变趋势；其次，采用反事实方法对地区间收入分布差异进行分解，具体探讨其不平等程度及变化。

3.1　收入空间分布的拟合与测度

在对地区间收入分布差异分析之前，需要对收入水平的空间集聚形式予以测度，以完成收入分布变迁的拟合。这一部分本章将通过中国统计年鉴与家庭微观调查数据分别对城镇居民收入水平[③]的空间集聚形式进行测度，并且对整体与区域收入分布变迁进行拟合以探讨地区间收入分布差异的变化。

3.1.1　收入水平空间集聚特征分析

现有文献对居民收入水平地区差距进行了广泛的测度，由于选择的度量角度与衡量方法不同，其研究结果存在差别。从时间尺度衡量来看，一般认为区域间居民收入差距的变化呈现不同的阶段性特征。中国地区间居民收入差距在 20 世纪 90 年代之前具有收敛趋势，20 世纪 90 年代之后显现发散趋势，而在进入 2000 年以后居民收入差距增速减小但不平等程度依旧上升（林毅夫和刘培林，2003；刘夏明等，2004；Fan & Sun，2008）。就空间尺度衡量而言，主要划分为居民收入的区域差异与省际差异，总体而言地区间居民收入差距对全国整体差异的贡献份额较大，不平等程度呈现上升趋势（蔡昉和杨涛，2000）。其中，城镇居民的收入差距变化幅度剧烈且发展迅速。在 2000 年之后城镇居民收入不平等扩大趋势进入了新的阶段（李实，2013）。这期间经营性与财产性收入的迅速增加，工资性收入的增长减慢对地区间居民收入不平等产生了冲击。东部地区经济增速较快，无论是居民经营性与财产性收入，还是工资性收入增速均高于其他地区，加深了居民收入分配的地区非均衡水平。而居民收入差距与生活质量、教育程度与健康程度等方面的福利差异高度相关（张涛，2017），因此城镇居民收入水平的空间集聚形式的差异很大程度上影响了区域消费需求。

---

③　城镇居民收入分为城镇居民总收入与城镇居民可支配收入，根据研究目的，本书中城镇居民收入采用的是城镇居民人均可支配收入。

　　根据各年度城镇居民的收入水平可将 31 个省区市（港、澳、台除外）分为不同等级，再对照地图中各省市的位置能够发现，城镇居民收入水平演变具有空间相邻或集聚特征。北京、上海、江苏、浙江及广东等东部地区城镇居民收入处于高等级，北京、上海等中心城市对周边地区收入水平的提高具有促进作用。而对于中、西部地区而言，其城镇居民收入水平大多处于中、低等级，尽管居民收入水平逐年增长，但其收入水平等级并未得到显著提升。这与以往的研究结果相一致，邻近的地区能够有效地分享集聚经济，单中心空间结构的发展逐渐拉大了地区间居民收入差距（刘修岩等，2017）。

　　为了进一步探讨城镇居民收入水平的空间集聚差异，本章应用局部自相关方法分别对 2001 年、2005 年、2010 年与 2015 年城镇居民收入水平空间集聚形式进行了刻画（见图 3.1）。该方法主要通过计算局部自相关指数检测局部区域与相邻区域某一属性的空间关联程度，其自相关指标具体表达形式如公式（3.1）所示。

$$I_i = Z_i \sum_j W_{ij} Z_j \qquad (3.1)$$

其中，W_{ij} 为研究区域 i 与 j 的空间关系矩阵的元素，Z_i 与 Z_j 分别代表观测值平均数与标准差的标准化变换，即 $Z_i = (x_i - \bar{x})/\sigma$。当 $I_i = 0$ 时，不存在空间相关性；当 $I_i > 0$ 时，存在正相关性，其绝对值越大证明空间关联程度越强；而当 $I_i < 0$ 时，则表明区域间检测值存在负相关性。

　　通过对局部空间相关性的分析得到了不同类型集聚特征的 Maron's I 散点图，如图 3.1 所示。图中不同象限代表不同类型的集聚形式：第一种为 H-H 集聚，代表高收入省区市被高收入的邻近省区市包围，即高收入-高空间滞后地区；第二种为 L-H 集聚，代表低收入省区市被高收入省区市包围，即低收入-高空间滞后地区；第三种为 L-L 集聚，代表低收入省区市被低收入省区市包围，即低收入-低空间滞后地区；第四种为 H-L 集聚，代表高收入省区市被低收入省区市包围，即高收入-低空间滞后地区。其中，第一种类型与第三种类型的集聚形式均表现出正向空间关联性，而第二种类型与第四种类型的集聚形式则表现出负向空间关联性。根据图 3.1 所示，多数省区市城镇居民收入水平呈现正向空间关联特征。相较 2001 年而言，2015 年城镇居民收入的正向空间相关性增强，集聚特征更为明显。2001 年有 67.74% 地区的城镇居民收入水平呈现出正向空间相关性，其中 19.35% 的省区市表现出 H-H 集聚特征，48.39% 的省区市表现出 L-L 集聚特征。到 2015 年，则有 74.19% 地区的城镇居民收入水平呈现出正向空间相关性，其中 19.35% 的省区市表现出 H-H 集聚特征，54.84% 的省区市表现出 L-L 集聚特征。

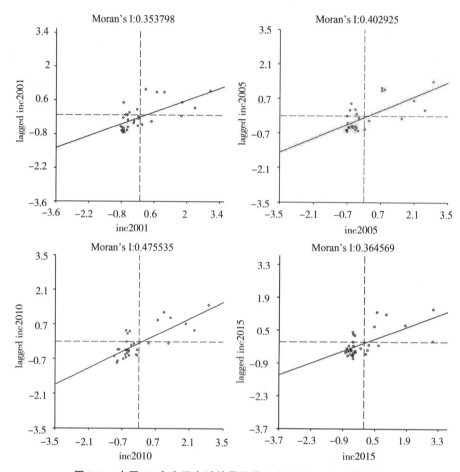

图 3.1　中国 31 个省区市城镇居民收入水平 Moran's I 散点图

在此基础上,本节整理得到各地区收入水平空间集聚形式及变化,如表 3.1 所示。能够发现具有高收入集聚特征的地区大多位于东部,2001－2015 年期间,北京、天津、上海、浙江、江苏与福建始终呈现 H-H 集聚特征,山东与广东两省则呈现 H-L 集聚形式。而具有 L-L 集聚类型与 L-H 集聚类型的地区则多数位于中、西部,其中贵州、青海、新疆、宁夏、甘肃、四川、湖北、河南、陕西、山西、吉林与黑龙江始终呈现 L-L 集聚特征,河北、江西、安徽则始终属于 L-H 集聚类型。各省区市表现出的局部空间相关性集聚模式揭示了中国城镇居民收入水平的空间分布不均衡与依赖性特征。从时间路径移动来看,仅有广西、西藏、辽宁与内蒙古表现出时空跃迁,转移概率仅为 12.9%,时空跃迁即某区域点在 Moran's I 散点图中从某象限转移到其他象限(Rey,2006, 2011)。其中,广西城镇居民收入水平集聚形式表现出自身稳定、邻域跃迁特征,即由 L-H 型集聚向 L-L 型集聚跃迁,代表该区域城镇居民收入水平等级并无明显变化,而临近区域城镇居民收入水平相对降低;西藏、辽宁、内蒙古城镇居民收入集聚形式则表现出自身跃迁、邻域稳定特征,分别发生 H-L→L-L 跃迁与 L-L→H-L 跃迁,代表邻域城镇居民相对收入水平无明显变化时,该地区的城镇居民相对收入水平产生变化。尽管 12.9％的地区具有时空跃迁特征,但 87.1％的省区市空间集聚形式呈现出稳定性特征,整体上来看城镇居民收入水平空间关联性较强,空间分布差异明显。

表 3.1　城镇居民收入水平空间集聚形式变化

城镇居民收入水平集聚形式	2001 年	2005 年	2010 年	2015 年
H-H	北京、天津、上海、浙江、江苏、福建	北京、天津、上海、浙江、江苏、福建	北京、天津、上海、浙江、江苏、福建	北京、天津、上海、浙江、江苏、福建
L-H	河北、江西、安徽、广西	河北、江西、安徽、广西	河北、江西、安徽	河北、江西、安徽
L-L	贵州、青海、新疆、宁夏、甘肃、四川、重庆、湖北、河南、陕西、山西、辽宁、吉林、黑龙江、内蒙古	贵州、青海、新疆、宁夏、甘肃、西藏、四川、云南、湖北、湖南、河南、陕西、辽宁、吉林、黑龙江、内蒙古	贵州、青海、新疆、宁夏、甘肃、西藏、四川、重庆、云南、广西、湖北、湖南、河南、陕西、山西、辽宁、吉林、黑龙江、内蒙古	贵州、青海、新疆、宁夏、甘肃、西藏、四川、重庆、云南、广西、湖北、湖南、河南、陕西、山西、吉林、黑龙江
H-L	山东、广东、西藏	山东、广东	山东、广东	山东、广东、辽宁、内蒙古

3.1.2　收入空间分布变迁的拟合

通过对城镇居民收入水平的空间集聚性进行分析,发现城镇居民收入水平主要表现为东部、中部与西部的空间集聚特征。因此本章将在城镇居民整体收入分布变迁拟合基础上,再分别按照东、中、西进行区域分解,以对区域收入分布变迁进行拟合,为后续对地区间收入分布差异的测度奠定基础。

（1）收入分布的拟合方法

收入分布函数的拟合效果与数值特征对收入分配不平等的研究具有重要的应用价值（陈建东等，2013）。收入分布区域性变迁可被视为不同地区居民收入分配状态的演变过程，其状态变化既可以反映该区域内部收入不平等趋势的演变，也能够通过状态对比判断地区间收入分布的差异。现阶段收入分布函数的估计方法主要分为参数法、非参数法与半参数法，其目的是寻找近似拟合收入分布的概率密度函数以拟合实际值所呈现的趋势。其中，参数法表示当收入服从已知分布条件下，通过对样本未知参数的估计得到完整的分布函数具体形式。而非参数方法是无须假定其总体分布形式，依赖从样本自身获得的信息以估计与实际分布最为相近的分布结构。半参数法则是参数法与非参数法的一种结合，其主要依据样本异质性对混合密度函数进行估计。由于目前半参数法（EM算法、最大熵估计等）在收入分布估计中还未得到广泛的应用，其对收入分布估计结果的一致性与有效性需要更为严格的证明。因此，接下来本节将分别对参数法与非参数法进行拟合效果评判。

当前研究中参数法主要包括传统的两参数分布函数，例如Pareto分布、Gamma分布、对数正态分布（Lognormal Distribution）与Weibull分布等，以及新兴的多参数分布函数，例如Singh-Maddala分布、Dagum分布等，如表3.2所示。在传统的两参数分布函数中，Pareto分布是最早被应用于收入分布拟合的参数分布函数，其分布形态与参数 x_m 和 α 有关，参数 x_m 主要控制分布函数的位置，而参数 α 则决定分布形态。Pareto（1895）提出所有收入分布均服从Pareto分布这种特定的形式，然而后续实证分析表明Pareto分布并不适合用于整体收入分布的拟合，而是适用于描述高收入组群的收入分布情况（Harrison，1981）。随着第二次工业革命后中等收入组群的增多，Gamma分布与对数正态分布被分别用于居民收入分布拟合的研究之中（Amoroso，1925；Gibrat，1931）。通过对Gamma分布与对数正态分布的对比研究发现，Gamma分布参数易估计解释，其拟合效果优于对数正态分布（Salem & Mount，1974；McDonald & Ransom，1979）。首先，对数正态分布是将原始收入数据取对数之后所进行的拟合，会使得高收入组群收入被低估，导致收入差距缩小的问题（Kalecki，1945），因而其主要被应用于对低收入分布的研究中（Banerjee et al.，2006）。其次，由于对数正态分布具有严格的正态假设，当收入总体不再同质，即收入组群形成具有异质性特征的子群时，则无法再用对数正态分布方法进行拟合（Salem & Mount，1974）。而后续发展的Weibull分布函数虽然拟合效果比其他两参数分布函数更好，但应用上却较为复杂。对比两参数分布函数，多数情况下在拟合不同地区或同一地区不同时期居民收

入分布时,多参数分布函数的拟合效果往往更优(Suruga,1982;Dagum,1983;
McDonald,1984)。与两参数分布函数不同的是多参数分布函数至少包含两
个决定分布形态的参数,例如 Singh-Maddala 分布与 Dagum 分布中,如表 3.2
所示参数 b 代表规模参数,而 a 和 q 则代表形态参数,能够发现多参数分布函
数估计步骤不如两参数分布估计简便,较多参数也会使得其解释力减弱。近
些年来部分学者选择建立混合分布例如拼接分布函数或组合分布函数对收入
分布进行拟合,即分别应用 Pareto 分布函数、对数正态分布函数或 Gamma 分
布等对不同收入水平组群进行分段拟合(段景辉和陈建宝,2010;阮敬等,
2015;刘洪和王超,2017)。虽然构造分段参数分布拟合的方法在理论上具有
一定优势,但应用过程相对复杂,使得参数估计便捷性降低。总体上来讲,参
数法虽然在拟合收入分布时对于衡量收入不平等程度等特性方面具有独到的
优势,然而其需要事先对分布进行假设,现实中事先假定的收入分布形式并不
一定与实际收入分布情况完全符合,这就使得拟合结果准确性降低(阮敬等,
2018)。

表 3.2　主要参数分布函数

分布函数类型	分布函数具体形式
Pareto 分布	$f(x)=\dfrac{\alpha x_m^a}{x^{a+1}},x>x_m>0$
Gamma 分布	$f(x)=\dfrac{1}{b^p\,\Gamma(p)}x^{p-1}\mathrm{e}^{-\left(\frac{x}{b}\right)},x>0$
对数正态分布	$f(x)=\dfrac{1}{x\,\sqrt{2\pi}\sigma}\exp\left[-\dfrac{\log^2(x/\mu)}{2\sigma^2}\right],x>0$
Weibull 分布	$f(x)=\dfrac{\alpha}{\beta}\left(\dfrac{x}{\beta}\right)^{a-1}\mathrm{e}^{-\left(\frac{x}{\beta}\right)^a},x>0$
Singh-Maddala 分布	$f(x)=\dfrac{aqx}{b^a\left[1+\left(\dfrac{x}{b}\right)^{a-1+q}\right]},x>0$
Dagum 分布	$f(x)=\dfrac{aqx^{ap-1}}{b^{ap}\left[1+\left(\dfrac{x}{b}\right)^{a-p+1}\right]},x>0$

　　由于参数法对总体分布假设依赖性较强,随着研究的深入,多数学者选择应用非参数法对收入分布进行拟合估计。对比来看,参数法适用于具有少量信息收入群体的统计量,而非参数法适用范围更广,尤其在对大样本分析时拟合效果更好(Cowell,2000)。常用的非参数法主要包括直方图(histogram)、核密度估计(kernel estimation)、指数序列估计(exponential series estimator)及对数样条估计(log-spline estimator)等。直方图是最早被应用于收入分布拟合的非参数方法,然而直方图对条形(bins)的数量与位置十分敏感,只能够对区间中心位置的拟合进行较为准确的估计,对边缘部分估计时有效性减弱。与直方图相比,核密度估计解决了估计点不连续的问题,获得了更好的拟合效果。当对收入 x 的分布不加任何分布函数假设条件时,其概率密度函数 $f(x)$ 的核密度估计量 $\hat{f}(x)$ 形式如式(3.2)所示:

$$\hat{f}(x) = \frac{1}{nh} \sum_{i=1}^{n} K\left(\frac{x - x_i}{h}\right) \tag{3.2}$$

其中,$K(\cdot)$ 为核函数,常用的核函数包括 Gaussian 核、Epanechnikov 核、Triangular 核以及 Quartic 核等。核函数主要利用点 x_i 到点 x 的距离来判断点 x_i 对点 x 密度估计的影响。现有研究发现选择任何核函数均能够得到精确的估计结果(DiNardo & Tobias,2001),但选择更为光滑的核函数能够对核密度函数光滑性起到改善作用,因此一般选取 Gaussian 核进行分析(陈娟,2013)。n 与 h 分别代表观测值数量与带宽,带宽 h 通常决定其密度函数的形状,对估计结果十分重要。若带宽 h 太大,核密度估计方差减小,会造成估计偏倚,潜在的数据特征无法体现;若带宽 h 过小,核密度估计方差增大,随机性影响较强,会造成拟合形状不规则的结果。因此带宽的选择需要对核密度估计的偏倚与方差进行权衡,以选取最优的带宽形式(朱长存,2012;陈娟,2013)。

　　一般研究中主要通过插入带宽法、交叉验证法与适应性核变换带宽法等对带宽进行选取。插入带宽法是基于均方误差分析通过对偏倚和方差的渐进形式进行估计来得到最优带宽。首先假设核函数 $K(\cdot)$ 为对称的密度函数,满足 $\int uK(u)\mathrm{d}u = 0, k_2 \triangleq \int u^2 k(u)\mathrm{d}u \neq 0$。当 $f(x)$ 二阶连续可导且 $h_n \to 0$,根据泰勒公式与控制收敛定理可得到偏倚与方差的表达形式。

　　给定其偏倚的表达式为

$$\mathrm{bias}(f_n(x)) = E(f_n(x)) - f(x)$$

$$= \int K(u)[f(x - h_n u) - h_n u f'(x) - f(x)]\mathrm{d}u$$

$$= \frac{1}{2} f''(x) k_2 h_n^2 + o(h_n^4)$$

进而整理可得：

$$\mathrm{Var}(f_n(x)) = (nh_n)^{-1} f(x) \int K^2(u) \mathrm{d}u + o(n^{-1}) \tag{3.3}$$

除 $f(x)$ 满足上述条件外，还需满足 $f''(x) \in L_2(R^1)$，进一步得到偏倚与方差的渐进形式：

$$\int \left[\mathrm{bias}(f_n(x)) \right]^2 \mathrm{d}x \approx \frac{1}{4} h_n^4 k_2^2 \int \left[f''(x) \right]^2 \mathrm{d}x$$

$$\int \mathrm{Var}(f_n(x)) \mathrm{d}x = (^n h_n)^{-1} \int K^2(u) \mathrm{d}u$$

此时整理得到：

$$\mathrm{MISE}(\hat{f}_h) \approx (nh_n)^{-1} \int K^2(u) \mathrm{d}u + \frac{1}{4} h_n^4 k_2^2 \int \left[f''(x) \right]^2 \mathrm{d}x \tag{3.4}$$

根据上式求解 $\min_h \mathrm{MISE}(\hat{f}_h)$，则可以得到最优带宽，最优带宽表达形式如表 3.3 所示。

表 3.3　主要带宽选取方法

带宽选取方法	最优带宽形式
插入带宽法	$\hat{h} = \left\{ \dfrac{\displaystyle\int \left[K(x) \right]^2 \mathrm{d}x}{\sigma_k^4 \displaystyle\int \left[f''(x) \right]^2 \mathrm{d}x} \right\}^{1/5} n^{1/5}$
交叉验证法	$\hat{h} = \min\left[n^{-2} h_n^{-1} \displaystyle\sum_{i=1}^{n} \sum_{j=1}^{n} K_1\left(\dfrac{X_i - X_j}{h_n} \right) + 2n^{-1} h_n^{-1} K(0) \right]$

交叉验证法则是直接通过数据"自动"对带宽进行选择（Rudemo，1982；Bowman，1984）。首先，假定收入分布密度函数 $f(x)$ 与其核估计量 $f_n(x)$ 满足：

$$\mathrm{MISE}(f_n) = \int \left[f_n(x) - f(x) \right]^2 \mathrm{d}x$$

$$= \int f_n^2(x) \mathrm{d}x - 2 \int f_n(x) f(x) \mathrm{d}x$$

其次，由于上式最后一项不依赖于带宽 h_n，因此通过求解下面子式的最小化问题以获得平均误差最小的积分：

$$R(f_n) = \int f_n^2(x) \mathrm{d}x - 2 \int f_n(x) f(x) \mathrm{d}x \tag{3.5}$$

以上就是交叉验证法的基本思想，即通过数据对 $R(f_n)$ 进行估计，进一步使

得 h_n 最小化 $R(f_n)$ 的估计量来选取最优带宽。同时,由于存在 $\int f_n(x)f(x)\mathrm{d}x$ $= Ef_n(x)$,所以 $\int f_n(x)f(x)\mathrm{d}x$ 其中一个无偏估计为 $n^{-1}\sum\limits_{i=1}^{n}f_n^{(-i)}(X_i)$,剔除第 i 个点估计值后,$f_n^{(-i)}(x)$ 满足:

$$f_n^{(-i)}(x) = \frac{1}{(n-1)h_n}\sum_{j\neq i}^{n}K\left(\frac{x-X_i}{h_n}\right) \tag{3.6}$$

接下来可定义 $M_0(h_n) = \int f_n^2(x)\mathrm{d}x - 2n^{-1}\sum\limits_{i=1}^{n}f_n^{(-i)}(X_i)$,则满足条件的最优带宽为 $\hat{h} = \min\limits_{h>0}M_0(h_n)$,最后推导结果表达形式如表 3.3 所示。

在前面介绍的核密度估计方法中,带宽在估计分布所有点处是保持不变的。然而,当数据分布并不均衡时,带宽保持不变的约束条件并不适用。理论上来讲,分布相对密集部分(中间位置)选择较窄的带宽,分布相对稀疏(尾部位置)使用较宽的带宽在估计时会更为有利(Jenkins,1995)。针对这个问题,Burkhauser(1999)提出了适应性核变换带宽法,其核密度估计函数假定为

$$\hat{f}_n(x) = \frac{1}{n}\sum_{i=1}^{n}\frac{1}{h_n}\frac{1}{\lambda_i}K\left(\frac{\gamma-\gamma_i}{h_n\lambda_i}\right) \tag{3.7}$$

其中,假定 $\hat{f}_n(\gamma_i)$ 为分布点 γ_i 处的估计,估计值 $\hat{f}_n(\gamma_i)$ 较大时,表示分布点 γ_i 处数据较为密集;估计值 $\hat{f}_n(\gamma_i)$ 较小时,则表示分布点 γ_i 处数据较为稀疏。λ_i 代表随数据密集程度而变化的参数,即带宽调整因子。带宽调整因子 λ_i 可定义为 $\lambda_i = [g/\hat{f}_n(\gamma_i)]^\theta$,$g$ 代表 $\hat{f}_n(\gamma_i)$ 的几何平均值,θ 为参数且 $\theta \in [0,1]$。当 $\hat{f}_n(\gamma_i)$ 较大,即数据较为密集时,参数 λ_i 较小;而当 $\hat{f}_n(\gamma_i)$ 较小,即数据较为稀疏时,参数 λ_i 较大。可以发现,适应性核变换带宽法主要分为两个阶段对带宽进行选择,第一个阶段先通过估计值 $\hat{f}_n(\gamma_i)$ 对带宽进行粗略的判断,第二个阶段再通过带宽调整因子 λ_i 得到最优适应性带宽。

(2)数据来源

本章分别选取中国家庭收入调查(CHIP)2002 年、2007 年与 2013 年三个年度的数据,以及中国家庭动态跟踪调查(CFPS)2010 年、2012 年、2014 年及 2016 年四个年度的数据进行分析。

中国家庭收入调查(CHIP)来自北京师范大学中国收入分配研究院,为调查中国居民收入分配动态情况,在国家统计局协助下相继在 1989—2014 年期间进行了 5 次入户调查。本部分主要选取该调查数据中 2000 年以后的样本数据进行分析,样本覆盖 15 个省区市住户家庭层面详尽的收支信息。剔除异常与缺失的家庭收入信息后,经整理分别得到 2002 年、2007 年与 2013 年 6 820 户、4 983 户与 6 162 户家庭样本数据。为保证样本数据一致性与可比

性,需排除价格弹性产生的影响,因此以 2007 年为基期,分别对 2002 年与 2013 年的数据进行了平减处理。进行地区划分后,其具体家庭人均年可支配收入数据信息如表 3.4 所示。从 2002 年到 2013 年,各地区整体收入水平均体现不同程度的上升趋势,东部、中部与西部平均收入水平分别提高了 156.1%、178.7% 与 161.8%。就离散程度而言,三个观测期内各地区城镇居民收入变异系数均在 60% 左右,其中东部城镇居民收入变异系数一直在 60% 水平以上,证明地区内收入离散化程度较高,收入差距较大。

中国家庭动态跟踪调查(CPFS)由北京大学中国社会科学调查中心组织实施,包含了经济、教育、健康等多方面的问题,调查范围扩展到全国 25 个省(自治区、直辖市),对全国 95% 的人口具有代表性(Xie & Lu,2015),能够充分反映中国社会、经济的变迁。根据研究的具体需要,在排除异常值以及缺失值的家庭数据之后,经整理得到 2010—2016 年 4 个观测期的家庭样本数据分别为 6 103 户、4 982 户、5 871 户及 6 425 户,能够充分保障样本的多样性与一致性。同样为了排除价格因素的影响,选取城镇 CPI 指数对不同区域层面家庭收入数据进行平减,所有指标以 2010 年价格作为基期。表 3.5 为所示 2010—2016 年各地区追踪样本家庭人均收入变化情况。4 个观测期内,东、中、西区域城镇居民收入均值与标准差均呈现上升趋势,其收入平均水平分别提高了 64.66%、66.43% 及 68.70%,中部与西部的收入均值增长速度快于东部地区。同时,东部与中部的均值差距幅度从 47.08% 降低到 42.52%,东部与西部的均值差距幅度从 64.86% 降低到 60.92%,相对均值差距幅度降低。

表 3.4　CHIP 数据描述性统计　　　　　　　　　　　　(单位:元)

年份	区域	收入均值	收入标准差	最小值	最大值	样本数
2002 年	东部	11 734.36	7 656.82	769.44	84 896	2 451
	中部	7 492.68	4 244.14	387.22	65 000.88	2 472
	西部	8 250.14	4 922.62	218.40	52 229.33	1 897
2007 年	东部	25 035.63	15 336.71	1 643.33	114 400	2 392
	中部	15 153.11	10 137.09	1 666.67	82 413.34	1 593
	西部	15 191.39	10 526.98	750	103 250	998
2013 年	东部	30 052.03	18 503.26	1 308.21	126 711.20	2 590
	中部	20 885.01	12 923.23	522.56	122 179.50	2 149
	西部	21 597.27	12 877.33	564.83	118 331.90	1 423

注:以 2007 年价格为基期平减

表 3.5　CFPS 数据描述性统计　　　　　　　　　（单位:元）

年份	区域	收入均值	收入标准差	最小值	最大值	样本数
	东部	16 016.55	14 810.63	133.33	96 666.66	3 260
2010 年	中部	10 888.97	10 510.17	140	83 333.34	1 913
	西部	9 714.75	9 207.94	131.33	75 000	930
	东部	17 127.51	14 858.82	125	99 528	2 531
2012 年	中部	12 049.33	10 197.13	116	86 400	1 578
	西部	11 710.98	11 411.82	120	97 733.34	873
	东部	21 517.39	16 770.62	141.5	99 133.34	3 085
2014 年	中部	14 458.88	12 271.51	105.2	98 000	1 757
	西部	12 856.57	12 353.40	150	99 500	1 029
	东部	26 373.06	19 588.62	200	108 225.1	3 262
2016 年	中部	18 122.89	14 435.96	250	106 060.6	1 911
	西部	16 388.70	14 822.87	150	108 225.1	1 252

注:以 2010 年价格为基期平减

在这一部分,选取不同的家庭调查数据对城镇居民收入分布情况进行分析,其原因在于一方面从时间跨度上来看涵盖了从 2002 年到 2016 年不同地区的城镇家庭样本收入信息,便于分析不同时间阶段城镇居民收入分布的变化;另一方面选取的数据既保证了家庭样本的多样性,又能够看到家庭个体收入的变化,对中国城镇居民实际收入情况具有良好的解释力。

(3)收入分布变迁的拟合结果

为分析各地区城镇居民的收入分布情况,在对比拟合方法之后,根据前文提出的 Gaussian 核密度估计方法结合插入带宽法按照不同省际对收入分布进行拟合。本部分参考李实等(2013)对 CHIP 数据的区域分层处理,同样将CFPS 数据中的省区市分别按照东部、中部、西部进行排序划分,这样能够直观地体现地区、收入水平与组群密度三者间的关系。CHIP 数据与 CFPS 数据的城镇居民收入分布拟合结果分别如图 3.2 与图 3.3 所示。

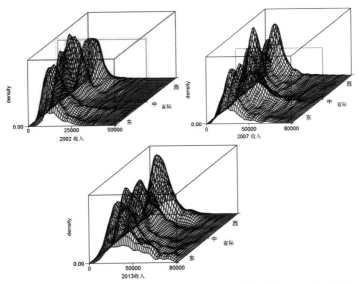

图 3.2　CHIP 数据的城镇居民整体收入分布非参数核密度拟合结果

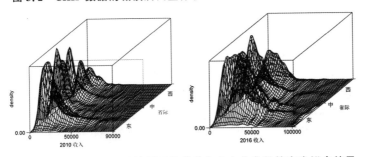

图 3.3　CFPS 数据的城镇居民整体收入分布非参数核密度拟合结果

　　根据图 3.2 的 CHIP 数据拟合结果可以发现 2000 年以来中国城镇居民收入分布整体变化趋势:①中国城镇居民收入分布具有峰值左偏的特征,且东部地区分布峰值较低,中、西部分布峰值较高,表明目前中国城镇高收入家庭比例较少,而中等及中等收入以下家庭比例较多,中、西部中等收入以下组群密度高于东部地区;②从收入分布变化趋势来看,收入分布呈现厚尾变化且峰值右移,说明高收入家庭密度上升,城镇居民整体收入水平得到提高,其中东部地区厚尾趋势更为明显,高收入组群比例高于中、西部地区。而图 3.3 是通过利用 CFPS 家庭追踪调查数据中城镇家庭个体收入变化情况描绘出了其收入分布状态的动态演化结果。能够发现,从 2010 年到 2016 年其收入分布同样向厚尾趋势演变,意味着地区城镇居民收入不断增高,高收入家庭占比提升。然而,在整体收入水平提高的同时,其分布趋势更为平缓,表明居民收入差距也在扩大,收入分配不均衡状况加深。

通过收入整体分布变迁的拟合结果观测到各地区城镇居民具有收入分布差异,同时地区内部城镇居民收入分布同样存在变化,因此有必要分离出区域性因素的影响程度。Anthony 和 Wan(2005)指出一国收入分配不平等水平可以分解为地区间相对收入差距(组间差距)、地区内相对收入差距(组内差距)与两者"重叠"效应(残差)产生的影响。就城镇居民收入分布整体性变迁的拟合结果而言,其空间分布演变的特征满足 Shorrocks 和 Wan 提出的假定性质,即对称性、严格凸性、规模无关性、复制不变性与零标准化④。参照他们的研究,可以将整体收入分布变迁不平等水平(I)分解为地区内收入分布变迁(W),即反映了地区内收入分配差距的变化;地区间收入分布差异(B)的变化,即反映了地区间收入分配差距的变化;以及两者重叠产生的残差效应(R)。将上文中整体收入分布变化的非参数核密度拟合结果中各区域内的收入分布变迁(W)情况分解出来可以得到图 3.4、图 3.5 所示的结果。

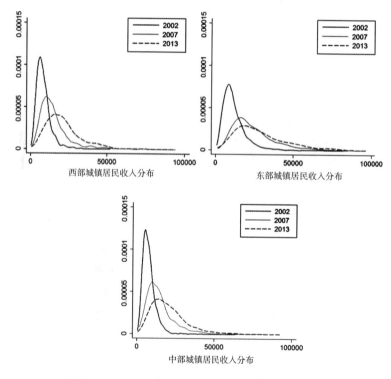

图 3.4　CHIP 数据各区域城镇居民收入分布变迁

④　对称性,即对调任意两人,结果不变;严格凸性,即保持收入均值不变,积极转移支付会降低收入差距;规模无关性,即改变度量单位,结果不受影响;复制不变性,即样本性质不变情况下增加或者减少样本数量,不平等性不变;零标准化,即不平等性最小值为零。

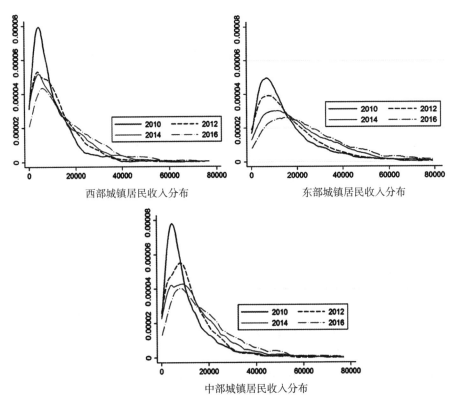

西部城镇居民收入分布

东部城镇居民收入分布

中部城镇居民收入分布

图 3.5　CFPS 数据各区域城镇居民收入分布变迁

根据图 3.4 与图 3.5,可以发现 2000 年以来各区域城镇居民收入分布曲线变化趋势相似,均具有曲线右移、厚尾趋势明显、单峰峰值降低及分布离散化程度增强的特点,各区域内收入分布变迁表明其整体收入水平提高的同时,地区内居民收入不平等水平提升。这与陈立中(2010)计算的城镇居民收入分布形态区域演进特征相似,观测结果真实可靠。然而其分布曲线的位置、尺度与形状具有明显差别,其具体表现为东部与中、西部的收入分布差异。由于本书的研究目的是探究地区间收入分布差异(B)所引致的消费效应,因此需要根据各区域收入分布变迁形态以具体考察地区间收入分布差异(B)的变化。为了进一步得到收入分布变迁情况下地区间收入分布差异(B)的变化,有必要对其收入分布差异进行分解,以得到差异的具体变化形式。

3.2　收入空间分布不平衡的分解

3.2.1　收入分布不平衡的空间对比

在对地区间收入分布差异进行分解之前,需要对其具体的不平等程度进行测度。在对收入分布差异的测度中,本章引入了 Handcock 和 Morris(1999)提出的相对分布概念对不同区域收入人口分布进行比较,对比于传统的分布概要统计量比较与洛伦兹曲线方法,相对分布方法对取值范围并无限制,能够更好地测量差距水平(Hao & Naiman,2012)。

首先,将收入分布进行参照组区域与比对组区域划分,本章中设定东部为参照组区域,中、西部分别为比对组区域,其城镇居民收入分布即分别为参照组分布与比对组分布。相对分布的基本思路就是确定比对组分布中每一个单独取值的 y 对应参照组分布的秩,即进行等级转换(relrank),这个秩就意味着参照组分布人口密度不超过 y 的比例。此时,随机相对秩 $R=F^0(y),R\in[0,1]$,R 为比对组人口中的随机抽取在参照组分布中的位置,F^0 为参照分布的累积分布函数,此时随机变量 R 的累积分布函数为 $G(r)$,即相对累积分布函数。

其次,需要确定相对累积分布函数 $G(r)$,$G(r)$ 给出了小于或者等于某一给定值 r 的概率,即 $G(r)=P[R\leqslant r]=P[F^0(Y)\leqslant r]=P[Y\leqslant Q^0(r)]$,同时对于其分位数函数 Q,有 $P[Y\leqslant Q^0(r)]=F(Q^0(r))$,最后 $G(r)$ 可推导为比对累积分布函数与参照分位数函数的表达形式,即 $G(r)=F(Q^0(r))$。通过相对累积分布函数,可以观测到相对于参照组分布的分位数,比对组分布分位数的集中情况。在相对累积分布函数中对 r 求微积分,能够得到其相对密度函数,具体表达形式为

$$g(r) = f(Q^0(r))/f^0(Q^0(r)) \tag{3.8}$$

$f(\cdot)$ 与 $f^0(\cdot)$ 分别为比对组分布与参照组分布的概率密度函数,密度估计量可表达为

$$\frac{1}{n\Delta}\sum_{i=1}^{n}\phi\left(\frac{x-X_i}{\Delta}\right) \tag{3.9}$$

$$\phi(\mu) = \begin{cases} 1/2, & |\mu|\leqslant 1 \\ 0, & |\mu|>1 \end{cases} \tag{3.10}$$

其中,Δ 为带宽,$\phi(\mu)$ 为均匀密度函数,其取值区间为 $[-1,1]$。根据此方法,

可以根据其相对比例的测度,分别计算分布变迁中各收入水平人群于不同区域的分布比例及其相对比例,能够更好地衡量其分布差距。

基于上述相对分布方法,利用 CHIP 与 CFPS 数据能够分别得到东部与中、西部城镇居民收入相对分布比例情况。

CHIP 数据呈现出了 2002 年、2007 年与 2013 年三个观测期区域间收入相对分布情况的变化,如表 3.6、表 3.7 所示。通过对不同年度东部家庭人均收入数据的排序,将其区域内各收入水平家庭分为了不同分位数区间,例如 2002 年的分位数区间依次为最小值到 4 480 元,4 480 元到 6 762.19 元,一直至 20 840.96 元到最大值,每个分位数区间收入组群比例依次为 10%、15%、25%、25%、15% 到 10%。然而,同样的收入水平区间内中部与西部所对应的组群比例并不与东部相同。例如就最低收入组群分布比例对比来看,2002 年东部家庭人均年收入在 4 480 元以下的家庭比例为 10%,而在中部与西部的这个比例分别达到了 23.9% 与 20.2%。到 2013 年,中部与西部最低收入组群相对于东部的比例有所下降,但仍分别为东部比例的 2.13 倍与 1.74 倍。就 CHIP 数据结果而言,整体上呈现出中、西部相对分布比例随收入区间上升而下降的趋势,具体表现为中、西部中间收入水平以下家庭的比例高于东部,而中间收入以上家庭的比例低于东部,城镇居民收入分布变迁区域对比如图 3.6 所示。

表 3.6　CHIP 数据东部-中部城镇居民收入分布的相对比例

| 东部城镇家庭人均收入(元) | | | 累积比例 | | | | 相对比例 | | |
| | | | 东部 | 中部 | | | 中部相对于东部 | | |
2002 年	2007 年	2013 年		2002 年	2007 年	2013 年	2002 年	2007 年	2013 年
	最小值		0.0	0.000	0.000	0.000	—	—	—
4 480	10 225	11 213.13	0.10	0.239	0.359	0.213	2.390	3.590	2.130
6 762.19	14 500	16 781.75	0.25	0.527	0.591	0.444	1.920	1.547	1.540
9 956.80	21 000	25 692.69	0.50	0.786	0.812	0.740	1.036	0.884	1.184
14 709.33	31 195.33	38 768.96	0.75	0.946	0.936	0.918	0.640	0.496	0.712
20 840.96	44 455	54 926.30	0.90	0.992	0.982	0.974	0.307	0.307	0.373
	最大值		1.00	1.000	1.000	1.000	0.080	0.180	0.260

表 3.7　CHIP 数据东部—西部城镇居民收入分布的相对比例

东部城镇家庭人均收入（元）			东部	累积比例 西部			相对比例 西部相对于东部		
2002 年	2007 年	2013 年		2002 年	2007 年	2013 年	2002 年	2007 年	2013 年
	最小值		0.0	0.000	0.000	0.000	—	—	—
4 480	10 225	11 213.13	0.10	0.202	0.352	0.174	2.020	3.520	1.740
6 762.19	14 500	16 781.75	0.25	0.451	0.592	0.401	1.660	1.600	1.513
9 956.80	21 000	25 692.69	0.50	0.725	0.827	0.727	1.096	0.940	1.304
14 709.33	31 195.33	38 768.96	0.75	0.909	0.939	0.904	0.736	0.448	0.708
20 840.96	44 455	54 926.30	0.90	0.974	0.975	0.983	0.433	0.240	0.527
	最大值		1.00	1.000	1.000	1.000	0.260	0.250	0.017

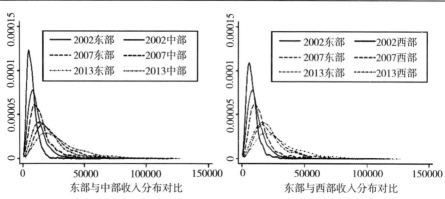

图 3.6　CHIP 数据收入分布变迁区域对比

表 3.8 与表 3.9 分别报告了 CFPS 数据 2010—2016 年的城镇居民收入相对分布变化区域对比情况。首先，同样根据东部居民的收入分布将中部与西部居民的收入重新排序。东部居民的收入分位点与中、西部居民收入分布中完全不同的分位点相对应。例如，2010 年东部居民的 0.1 分位点对应中部居民的 0.158 分位点，而相同观测期内东部居民的 0.9 分位点对应中部居民的 0.961 分位点。这意味着，最低收入的 15.8% 中部家庭拥有不到 3 194.5元的家庭人均年可支配收入，而仅有 3.9% 的中部家庭至少拥有 35 000 元的家庭人均年可支配收入，其收入家庭比例分别为东部的 1.58 倍与 0.39 倍，证明收入分布比例体现出区域非均衡特征。其次，通过与东部的相对比例变化可以看到，中部的中等收入以下家庭的比例在提高，中等收入以上的家庭比例

在降低。而西部呈现出不同的变化趋势,其最低收入家庭相对比例在减少,最高收入家庭相对比例在上升,中低到中高收入家庭比例均下降。图 3.7 分别描绘出了 2010—2016 年 CPFS 数据东部与中、西部收入分布变迁情况的对比,通过追踪数据结果中相对分布比例的变化能够发现,尽管区域间相对收入均值差距减小,但是其分布比例不平衡程度增加。

表 3.8　CFPS 数据东部-中部城镇居民收入分布的相对比例

东部城镇家庭人均收入(元)		累积比例			相对比例	
		东部	中部		中部相对于东部	
2010 年	2016 年		2010 年	2016 年	2010 年	2016 年
最小值		0.0	0.000	0.000	—	—
3 194.50	6 000	0.10	0.158	0.186	1.580	1.860
6 035.60	12 000	0.25	0.398	0.429	1.600	1.620
11 333.33	22 000	0.50	0.671	0.708	1.092	1.116
20 320.00	35 000	0.75	0.868	0.893	0.788	0.740
35 000.00	50 000	0.90	0.961	0.974	0.620	0.540
最大值		1.00	1.000	1.000	0.390	0.260

表 3.9　CFPS 数据东部-西部城镇居民收入分布的相对比例

东部城镇家庭人均收入(元)		累积比例			相对比例	
		东部	西部		西部相对于东部	
2010 年	2016 年		2010 年	2016 年	2010 年	2016 年
最小值		0.0	0.000	0.000	—	—
3 194.50	6 000	0.10	0.273	0.269	2.730	2.690
6 035.60	12 000	0.25	0.443	0.498	1.333	1.527
11 333.33	22 000	0.50	0.701	0.739	1.013	0.964
20 320.00	35 000	0.75	0.912	0.915	0.844	0.704
35 000.00	50 000	0.90	0.980	0.969	0.453	0.360
最大值		1.00	1.000	1.000	0.200	0.310

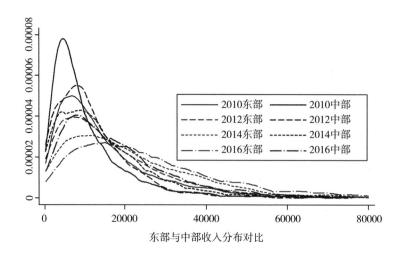

东部与中部收入分布对比

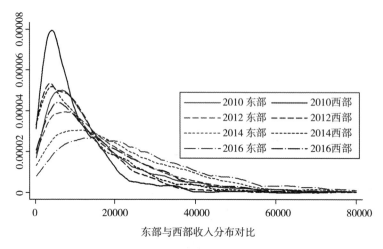

东部与西部收入分布对比

图 3.7　CFPS 数据收入分布变迁区域对比

3.2.2　收入空间分布不平衡分解指标的设计

不同的收入分布变迁形态可以被视为行进中的矮人（dwarfs）与巨人（giants）（Pen，1971），其位置、尺度与形态的差异可以归结为经济增长带动的整体收入水平变化产生的平均收入水平差异与收入组群地区分布不均产生的收入分布结构差异。本章中，可以将不同区域的收入分布差异按照上述因素进行分解，以此构建"均值差距"与"分配差距"两种指标。根据 Jenkins 和 Van Kerm（2005）提出的密度分解方法，设定比对组区域与参照组区域均服从相同的收入分布，即 $x \sim F(\mu, \sigma)$，$x_0 \sim F(\mu_0, \sigma_0)$，排除价格弹性后其差距可分

解为

$$\Delta f = C_{D1} + C_{D2} + C_{D3} \tag{3.11}$$

其中,C_{D1}、C_{D2}、C_{D3} 分别代表均值差距、方差差距及残差差距。

在此基础上,通过构造反事实分布对不同因素引起的分布差异进行度量。反事实分布就是当假定其他因素保持不变情况下,利用比较静态分析的方法度量某一因素改变所产生的分布形态。通过对其反事实分布形态的比较,就可以对不同因素的影响程度进行评估。具体来讲,是利用密度函数变换的基本思路来对均值差距、方差差距及残差差距进行衡量。假定比对组区域与参照组区域的收入关系可以用收入转换函数 $g(x)$ 表示,满足 $x_0 = g(x)$。此时,区域间收入密度函数存在以下关系,如式(3.12)所示:

$$f_0(x) = \left| \frac{\mathrm{d}(g^{-1}(x))}{\mathrm{d}x} \right| f(g^{-1}(x)) \tag{3.12}$$

可以通过选择不同的转换函数 $g(x)$ 来构造反映收入分布差异特征的反事实密度函数。根据式(3.12),若两个区域的收入满足线性关系 $x_0 = \alpha + \beta x$,其反事实密度函数为

$$\zeta(x) = \left| \frac{1}{\beta} \right| f\left(\frac{x - \alpha}{\beta} \right) \tag{3.13}$$

由此,通过对待估参数 α 与 β 的估计就可以得到不同的反事实收入分布。

首先,为了反映收入均值差距,令上述线性转换函数中的待估参数 $\alpha = a$,$\beta = 1$,转换后比对组区域收入分布均值与参照组区域差距为 a,此时方差不变,可以在保证收入分布形态不变的同时体现出其位置上的差异。假设其他条件不变,可构造事实概率密度函数 ζ_1,若 ζ_1 的期望为 $E(\zeta_1)$,使其等于参照组区域收入分布期望 $E(f_0)$,此时 $a = E(f_0) - E(f)$。根据均值差距,其反事实概率密度函数可表示为 $\zeta_1(x; \mu_0, \sigma)$,$\mu_0$ 与 σ 分别为参照组区域收入均值与比对组区域收入分布方差。

同理,考虑方差差距的影响,令待估参数 $\alpha = (1-s)E(f)$,$\beta = s$,则参照组区域收入 x_0 可视为比对组区域收入与收入均值的线性组合,满足:

$$x_0 = sx + (1-s)E(f) \tag{3.14}$$

当收入均值不变时,比对组区域与参照组区域方差差距为 s^2。此时反事实密度函数 ζ_1 则体现了其分散程度的差距。令 $\mathrm{Var}(\zeta_1) = \mathrm{Var}(f_0)$,则 $s = \sqrt{\dfrac{\mathrm{Var}(f_0)}{\mathrm{Var}(f)}}$。因此,根据方差差距,反事实概率密度函数为 $\zeta_1(x; \mu, \sigma_0)$,$\mu$ 与 σ_0 分别为比对组收入均值及对照组方差。

将上述两种差距的转换思想结合,令待估参数 $\alpha = E(f_0) - sE(f)$,$\beta = s$,

则反事实密度函数可记为 $\zeta_1(x;\mu_0,\sigma_0)$，$\mu_0$ 与 σ_0 分别为对照组收入均值与方差，既能够反映出收入均值的差距，又能够体现方差差距。此时，总分布差异可以表达为

$$\Delta f = \underbrace{\zeta_1(x;\mu_0,\sigma) - f(x)}_{C_{D1}} + \underbrace{\zeta_1(x;\mu_0,\sigma_0) - \zeta_1(x;\mu_0,\sigma) + f_0(x) - \zeta_1(x;\mu_0,\sigma_0)}_{C_{D2} \qquad\qquad C_{D3}}$$

均值差距   分配差距

$$(3.15)$$

在这里，地区间收入分布差异被区分成两种差值项，即"均值差距"与"分配差距"，其分别可以衡量区域间整体收入水平的差距及区域间异质性的收入分布结构状况。在接下来的研究中，就可以利用这两种分解指标来考量其变化所产生的消费效应。

3.2.3 收入空间分布不平衡的分解结果

以参照组区域收入分布为基准，比对组区域分布可以视为通过反事实方法操作参照组区域分布得到，其中包括位置移动、尺度改变及形状变化（Hao & Naiman，2012）。本章分别利用 CHIP 数据与 CFPS 数据将地区间收入分布差异进行分解，根据"均值差距"与"分配差距"可分别构造反事实收入分布1 与反事实收入分布2，其收入分布估计值对比如表 3.10、表 3.11、表 3.12 与表 3.14 所示。通过反事实收入分布曲线的变迁及分位点的变化能够直观地反映"均值差距"与"分配差距"所引起的收入分布差异特征。

无论是从 CHIP 数据还是 CFPS 数据的分解结果来看，其"均值差距"反事实分布与"分配差距"反事实分布均存在峰值降低且平缓程度增强的变化（见图 3.8、图 3.9）。"均值差距"所构造的反事实分布曲线 1 的尺度与形态与比对组区域收入分布相同，其形态的变迁与实际分布曲线变迁相一致。"均值差距"分布曲线位置的改变代表实际分布中各分位点差距的变化，曲线右移表示绝对收入均值差距加大。"分配差距"所构造的反事实分布曲线 2 的位置与比对组区域收入分布曲线相同，其位置的改变同样与实际分布曲线相一致。"分配差距"分布曲线尺度与形态的改变代表区域间收入分配格局的差异程度，其平缓程度增强表示分配差距扩大。

表 3.10 CHIP 数据东部与中部收入分布估计值(单位:元)

年份	分布	10 分位	25 分位	50 分位	75 分位	90 分位
2002 年	中部	3 252.48	4 620.37	6 716.27	9 340.80	12 745.60
	反事实 1	7 494.16	8 862.05	10 957.94	13 582.48	16 987.28
	反事实 2	4 084.65	6 552.45	10 333.63	15 068.53	21 211.09
	东部	4 480	6 762.19	9 956.80	14 709.33	20 840.96
2007 年	中部	6 000	8 600	12 800	18 166.67	26 800
	反事实 1	15 882.52	18 482.52	22 682.52	28 049.19	36 682.52
	反事实 2	11 187.62	15 121.23	21 475.54	29 594.93	42 656.56
	东部	10 225	14 500	21 000	31 195.33	44 455
2013 年	中部	8 217.35	12 005.50	18 158.88	26 245.23	36 675.29
	反事实 1	17 384.37	21 172.52	27 325.90	35 412.25	45 842.31
	反事实 2	11 914.73	17 338.52	26 148.81	37 726.69	52 660.24
	东部	11 213.13	16 781.75	25 692.69	38 768.96	54 926.30

表 3.11 CHIP 数据东部与西部收入分布估计值(单位:元)

年份	分布	10 分位	25 分位	50 分位	75 分位	90 分位
2002 年	西部	3 392.85	4 948.53	7 257.60	10 304	14 080.64
	反事实 1	6 877.07	8 432.75	10 741.82	13 788.22	17 564.86
	反事实 2	2 971.81	5 778.26	9 943.81	15 439.52	22 252.58
	东部	4 480	6 762.19	9 956.80	14 709.33	20 840.96
2007 年	西部	6 000	8 832	12 690	18 186.67	26 000
	反事实 1	15 844.24	18 676.24	22 534.24	28 030.91	35 844.24
	反事实 2	11 643.77	15 770	21 391.11	29 399.75	40 783.77
	东部	10 225	14 500	21 000	31 195.33	44 455
2013 年	西部	8 667.84	13 121.87	19 062.23	26 594.97	37 729.55
	反事实 1	17 122.60	21 576.63	27 516.99	35 049.73	46 184.31
	反事实 2	11 473.91	17 873.84	26 409.47	37 233.15	53 232.28
	东部	11 213.13	16 781.75	25 692.69	38 768.96	54 926.30

东部与中部"均值差距"变迁

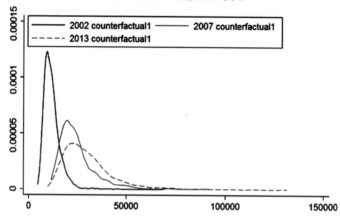

东部与西部"分配差距"变迁

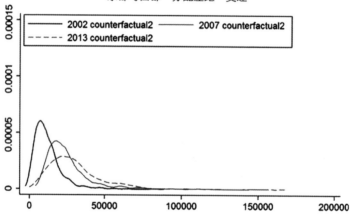

东部与中部"分配差距"变迁

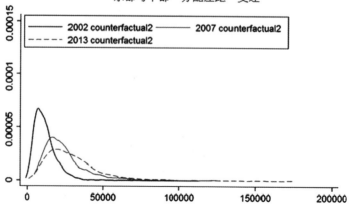

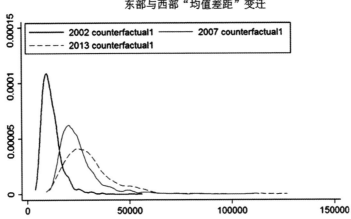

图 3.8 CHIP 数据反事实收入分布变迁

CHIP 数据分解结果反映了地区间收入分布差异总体变化情况,对比中、西部地区真实的收入分布情况,反事实收入分布曲线分位点的取值均有所上升(见表 3.10、表 3.11)。根据"均值差距"所构造的反事实分布曲线 1,发现随着组群收入水平上升,"均值差距"所引起的变化降低,这意味着地区间城镇居民平均收入差距主要存在于中等及中等收入以下组群。而通过"分配差距"所构造的反事实分布曲线 2 发现对于中高收入与高收入群体而言,"分配差距"对其具有更大的影响,代表东部与中、西部区域间中高收入与高收入组群密度差异较大。2002－2013 年期间,随着区域内部分布平缓趋势增强,区域间"分配差距"对中等及中等收入以下群体的影响程度上升。

表 3.12 CFPS 数据东部与中部收入分布估计值(单位:元)

年份	分布	10 分位	25 分位	50 分位	75 分位	90 分位
2010 年	中部	4 166.67	6 633.33	11 000.00	18 200.00	27 500.00
	反事实 1	9 360.92	11 794.25	16 127.58	23 377.58	32 627.58
	反事实 2	6 632.11	10 063.10	16 173.10	26 395.60	39 438.10
	东部	5 535.00	9 000.00	15 236.67	26 200.00	40 002.50
2016 年	中部	6 000.00	10 000.00	17 000.00	26 666.67	40 000.00
	反事实 1	14 250.17	18 250.17	25 250.17	34 916.84	48 250.17
	反事实 2	9 922.30	15 350.30	24 849.30	37 966.96	56 060.30
	东部	8 333.33	15 000.00	24 000.00	37 500.00	53 333.33

表 3.13　CFPS 数据东部与西部收入分布估计值(单位:元)

年份	分布	10 分位	25 分位	50 分位	75 分位	90 分位
2010 年	西部	3 666.67	6 083.33	10 500.00	17 000.00	27 000.00
	反事实 1	9 968.47	12 385.14	16 801.80	23 301.80	33 301.80
	反事实 2	6 291.24	10 177.24	17 279.24	27 731.24	43 811.24
	东部	5 535.00	9 000.00	15 236.67	26 200.00	40 002.50
2016 年	西部	4 500.00	7 500.00	14 285.71	23 500.00	34 666.67
	反事实 1	14 484.36	17 484.36	24 270.07	33 484.36	44 651.03
	反事实 2	10 656.20	14 622.20	23 592.91	35 774.20	50 536.54
	东部	8 333.33	15 000.00	24 000.00	37 500.00	53 333.33

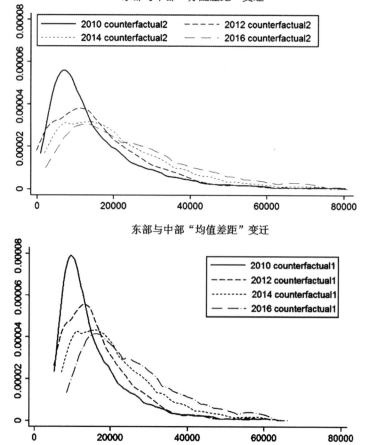

东部与中部"分配差距"变迁

东部与中部"均值差距"变迁

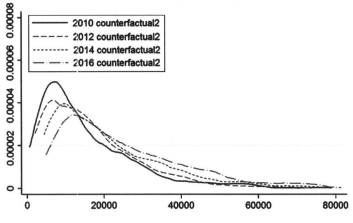

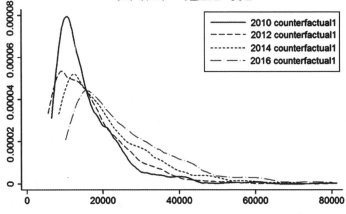

图 3.9　CFPS 数据反事实收入分布变迁

CFPS 数据分解结果与 CHIP 分解结果一致,"均值差距"所产生的影响同样随着组群收入的上升而下降,其主要作用于中等收入以下群体;"分配差距"则主要作用于中等收入以上群体。值得注意的是,从 2010—2016 年追踪数据分解出的"分配差距"结果来看,东部与中、西部地区间中等收入以下组群的密度差异增大,而中等收入以上组群的密度差异减小。这证明整体居民收入增长过程中区域间各收入层次组群收入的增长速度与幅度并不相同,对于中、西部地区而言,其中等收入以上组群收入增长速度与幅度高于中等收入以下组群,使得区域内部收入差距扩大,同时中等收入以上群体扩张速度快于中等收入以下群体,导致与东部间群体密度差距不同趋势的变化。

3.3　本章小结

　　针对现阶段中国城镇居民收入分布区域不平衡的现实状况，本章首先基于局部自相关方法采用中国统计年鉴数据刻画出了 2001 年、2005 年、2010 年与 2015 年中国城镇居民收入水平空间集聚特征，结果显示城镇居民收入水平具有较强的空间依赖性，具体表现为东部的高收入集聚特征与中、西部的低收入集聚特征。通过其时间路径移动的变化，发现 87.1％ 的省区市空间集聚形式稳定，仅有 12.9％ 的地区产生时空跃迁，表明 2000 年以来中国城镇居民收入水平空间关联性较强，地区间收入分布差异明显。

　　进一步，基于收入水平的东、中、西区域空间集聚特征，分别选取中国家庭收入调查（CHIP）2002 年、2007 年与 2013 年三个年度的数据及中国家庭动态跟踪调查（CFPS）2010 年、2012 年、2014 年及 2016 年四个年度的数据对城镇居民收入分布变迁进行拟合。Gaussian 核密度估计结合插入带宽法的拟合结果显示，中国城镇居民收入分布具有峰值左偏的特征，且东部地区分布峰值较低，中、西部分布峰值较高，表明目前中国城镇高收入家庭比例较少，而中等及中等收入以下家庭比例较多，中、西部中等收入以下组群密度高于东部地区。同时，收入分布呈现厚尾变化且峰值右移的演变趋势，说明城镇居民整体收入水平得到提高，高收入家庭比例逐渐扩张。然而在整体收入水平提高的同时，居民收入差距也在扩大，收入分配不均衡状况加深。

　　通过收入分布变迁的拟合结果观测到地区间城镇居民存在着收入分布差异，一方面表现为收入水平的差距，另一方面则表现为组群密度的差距。基于区域间相对收入分布比例的比较，中、西部相对于东部总体上显现出中等收入以上群体比例减少，而中等收入以下群体比例增多的趋势。在此基础上，为了更为细致地描述收入分布差异，本章利用反事实分解的方法构建出体现地区间收入水平不均的"均值差距"与体现收入组群分布不均的"分配差距"两个指标，以此对不同因素引起的收入分布差异进行度量。"均值差距"所产生的影响同样随着组群收入水平的上升而下降，其主要作用于中等收入以下群体，"分配差距"则主要作用于中等收入以上群体。在整体居民收入增长过程中，不同收入群体的收入增长幅度与组群扩张速度具有差别，使得区域内部收入差距扩大，这就导致了"分配差距"对区域间收入分布不平衡的影响加深。

第 4 章 收入空间分布不平衡的
消费不平等特征

　　通过上一章城镇居民收入分布变迁的刻画,能够发现进入 21 世纪以来中国各地区城镇居民收入水平得到显著提升,在收入水平提升的同时,地区间城镇居民收入不均等程度却依然处于比较高的水平。居民消费需求的演变特征直接决定于收入增长的变化规律,因此各地区居民收入增长的异质性变化也就对各地区消费水平具有巨大的影响。对比收入水平差距,居民消费不平等程度能够更好地反映区域之间居民真实福利水平的差异(Krueger & Perri,2006;Blundell et al.,2008)。根据国家统计局数据可以发现,2007 年东部、中部与西部地区的城镇人均消费支出分别为 14 099.65 元、8 353.27 元及9 291.15元,其中东部城镇人均消费水平远高于全国平均水平 41.03%,而中部及西部地区的人均消费却分别低于全国平均水平 16.45% 与 7.06%。到2013 年"十二五"期间,整体收入水平的上涨并未改善区域间城镇居民人均消费水平差距,中、西部地区城镇人均消费与东部依然分别存在 28.3% 与26.1%的差距。这种现象在表明中国不同区域居民生活水平差距的同时,更能反映在区域间显现的消费需求与层次的差异,这对扩大内需,进而促进经济结构转型产生阻碍。能够发现,区域收入分布差异引致的消费需求差距有两个方面的含义,一方面反映了地区间居民经济福利的不平等,另一方面突显了基于收入增长的居民消费需求变化与供给侧之间不平衡、不充分的发展。

　　如何缩小区域间居民消费需求差距,充分释放居民消费潜力?首先需要考虑造成区域间居民消费不平等现象的原因,这是缩小地区间居民消费差距从而有助于扩大有效内需的前提,对于有效释放消费潜力,解决不平衡发展带来的矛盾具有重要意义。区域间居民消费非均衡的发展趋势,一是反映了居民消费不充分的发展;二是带来了居民福利不平等、消费需求与供给不匹配等社会矛盾与经济问题。基于上一章收入分布差异研究基础,本章将进一步以地区间收入水平差距与收入组群分布结构差异为切入点以探讨其对地区间城镇居民不同层次消费需求差距的影响,以分析造成地区间居民消费不平等的原因。

4.1　收入空间分布不平衡对居民消费
不平等的作用机理

　　无论是从理论分析还是从现实经验来讲，收入都是影响居民消费最重要的原因。对于消费不平等现象，国内外学者从收入分配与收入分布两个角度对其进行了不同层面的研究。

　　就收入分配对消费需求的影响而言，消费不平等问题与收入分配具有内在关联。根据生命周期-永久收入假说（LC-PIH），收入冲击的积累导致了收入分配不平等，从而诱发居民间消费的差距（Deaton & Paxson，1994）。消费不平等趋势会伴随收入分配不平等趋势而变化（Cai et al.，2010），因此在收入分配失衡趋势增加时，消费不平等程度相应增强（Cutler & Katz，1992；Aguiar & Bils，2015；Attanasio & Pistaferri，2016），而保险平滑机制与信贷市场的支持能够在一定程度上弥补收入差距恶化产生的影响（Krueger & Perri，2006；Blundell et al.，2008）。Stockhammer（2015）提出因不同收入家庭的消费倾向存在差异，低收入家庭往往具有更高的消费倾向，因此不平等程度增强也会成为导致总消费停滞的一个因素。

　　收入分配不均会造成居民消费差距，但收入增长却会对消费产生促进作用，收入增长作用下居民消费倾向与偏好的转变有助于其购买力水平的提升。在中国城镇居民收入整体水平增长与收入分配不平衡同时存在的现实背景下，分析收入对消费需求差距的作用机制尤为重要。在同时兼顾收入增长与收入分配因素的基础上，国内部分学者从收入分布视角对居民消费进行考察。收入分配指的是主观的具体过程，而收入分布代表的是主观过程作用下产生的客观结果。对比以往的研究（臧旭恒和张继海，2005；姜洋和邓翔，2008；段先盛，2009），收入分布视角能够避免单纯从收入分配角度对消费差距进行分析时所产生的夸大作用（孙巍和苏鹏，2014）。居民收入分布结构及其演变特征是分析消费需求的基础（李建伟，2015），不同的收入分布形态下，其诱发的消费需求状态具有差别。收入分布变迁对耐用品消费（孙巍等，2013；孙巍和杨程博，2015）与非耐用品消费（郑志浩和赵殷玉，2012）均存在显著的影响，其收入水平与分配状况的改变，通过影响异质性收入组群的消费偏好与倾向对不同的消费市场需求产生了大幅度的冲击。以上研究主要分析了整体收入分布的变迁所诱发的消费效应改变，而收入分布的差异又将对居民消费不平等程度产生怎样的影响？

基于现有文献基础,本章拟引入居民的收入分布差异这个新的视角对地区间居民消费需求差距问题进行分析。首先,需要对不同地区城镇居民消费异质性特征进行刻画,从分布角度通过对地区间不同层次消费需求差距的分解以判断其具体的消费不平等水平。而后,基于地区间收入分布差异分别从收入水平差距与分布结构差异两个角度对具体影响因素予以分析。城镇居民收入分布差异主要体现于其不同的位置、尺度及形态。其分布曲线位置的差异主要源自平均收入水平的差距,而不同的尺度与形态则来源于分布结构的差异。如何度量收入水平差距与分布结构差异对地区间居民消费需求差距的影响程度,如何解释在各区域收入分布变迁情况下,收入分布差异的变化对地区间不同层次消费需求差距的作用,这是本章研究中的重点与难点。

4.2　城镇居民消费空间分布差距的刻画

相对于收入差距,对中国居民消费差距的研究较少。在针对中国居民消费差距的研究中,主要从城乡居民消费不平等、城镇居民消费不平等与区域消费不平等三个层面进行。关于城乡居民消费不平等问题,多数研究发现城乡二元结构所引起的收入差距、社会保障制度不完善及过去公共支出城市偏向等制度问题均是引起其消费非公平性的重要原因(Qu & Zhao,2008;徐敏和姜勇,2015;齐红倩等,2015)。但 2003 年以后,产业结构升级逐步加速,其效益提高了农村居民消费水平,城乡间的居民消费差距逐步缩小(徐敏和姜勇,2015)。随着城镇化进程加强,在扩大内需过程中城镇居民消费对经济增长具有更强的拉动作用,但城镇居民消费不平等却抑制了其对经济增长的推动效应。邹红和喻开志(2013),陈志刚和吕冰洋(2016)分别从出生组与收入构成角度对城镇居民消费差距进行了分析,通过基尼系数的测算均发现收入差距是造成城镇居民消费不平等的重要原因。而在针对中国区域间居民消费差距的研究中,Bin 和 Fracasso(2017)在县级层面探究了城镇与非城镇区域、沿海与内陆区域的居民消费不平等问题,发现地域禀赋(GDP 水平)对区域间居民消费需求不平等状况影响显著。孙豪和毛中根(2017)则对 2005－2014 年居民消费区域省际不平等趋势进行了分解,发现区域间居民消费不平等对消费区域省际不平等作用更显著,其贡献率达到了 56.3%,同时发现东部地区内部居民消费不平等趋势强于中、西部地区。

就目前对消费差距的研究方法来讲,主要从两方面展开。一是采用基尼系数、Theil 指数、对数方差等对经济福利差距程度进行度量,其主要目的是衡量非均衡趋势。Krueger 与 Perri(2006)根据美国 CEX 数据,对美国居民消费的基尼系数、对数方差与不同消费分位数之比进行了计算,发现在收入分配不平等增强时,美国等发达国家正式与非正式的信贷和保险机制的作用会相应扩大,减少了可能伴随的消费差距上升现象。尽管基尼系数与 Theil 指数可以通过指数大小直观地判断不平等程度,对数方差方法能够观测差距程度的变化规律,但是其缺陷是只能提供有限的信息量(李涛和么海亮,2013)。二是对差距程度进行分解,判断其成因。一些学者利用 Lerman 和 Yitzhaki(1985)提出的基尼系数成分分解与回归方程估计的方法对总消费不均衡程度进行分解。Garner(1993)通过基尼系数成分分解法,根据美国支出调查数据得到各项消费对总消费差距的贡献率。为了进行更细微的测算,国内学者戴平生和林文芳(2012)通过拓展基尼系数组群、要素分解的方法得到中国居民各子类食品消费支出对食品消费总体系数的边际影响。以上方法主要是对总消费进行了分项分解,判断比较居民总体消费差距状况,但却忽略了居民消费分布变化的信息。仅从均值分析差距状况,难以衡量消费分布的全貌(费舒澜,2017)。虽然部分学者从分布视角,通过条件分位数回归分解的方法对消费组群间的差距进行了研究(王韬和毛建新,2015),但是条件分位数回归会存在过多或不必要的控制变量(朱平芳和张征宇,2012),使严谨性减弱。对比条件分位数回归方法,Firpo 等(2009,2018)提出再中心化影响函数(RIF)结合无条件分位数回归分解模型,能够有效解决控制变量过多或不必要的问题。基于 RIF 回归分解的方法主要应用于对居民收入、工资差距的分解对比(Lemieux,2008;徐舒,2010;屈小博,2014;温兴祥,2014),之后被沿用于消费等各类居民经济及社会福利不平等的度量(曲兆鹏和赵忠,2008;Fisher & Marchand,2014;Yang et al.,2015)。由此,能够发现 RIF 回归分解方法在判断与度量不同层次福利差距方面具有独到的优势。

针对区域间城镇居民消费不平等现象,本节将从微观视角利用 RIF 回归分解的方法对区域间居民消费分布差距特征进行刻画与分解,从不同消费层次判断地区间收入分布差异的冲击,应用分布思想充分考虑了不同消费层次人群的异质性问题。

4.2.1　数据来源与说明

本章使用的数据来自中国家庭收入调查数据(CHIP)2007 与 2013 年度的城镇家庭样本,通过分层抽样调查采集,数据样本具有一致性与有效性。该数据涵盖了 2007 年与 2013 年详尽的家庭收支情况,分别包含 5 000 户及 7 175 户城镇家庭层面基本信息、住户个人情况以及专业性较强的问题。在剔除掉异常值和数据缺失的家庭以后,2007 年与 2013 年符合本章研究目的的家庭分别为 3 948 户及 6 154 户,并且按照家庭所在地对其进行了东、中、西部区域划分。为排除区域间可能存在的价格差异影响,解决居民购买力差距水平被高估的问题,本章采用 Brant 和 Holz(2006)的方法根据国家统计局提供的城市居民消费价格指数(CPI)进行统一平减,所有指标以 2007 年价格为基期。

在消费差距衡量指标决定方面,曲兆鹏和赵忠(2008)将 Deaton 和 Paxson 与李实的研究进行了对比。单位测度上,Deaton 和 Paxson 倾向于以"家庭"为测度单位,认为采用个人消费为测度单位需要详尽严谨的假设条件,而李实则认为用"个人"为测度单位更能排除指数估计偏差。源于家庭消费具有不可分割性,曲兆鹏和赵忠则认为以"家庭"为测度单位能够更好地衡量消费不平等的程度。本章将沿用曲兆鹏及赵忠的测度思想,以"家庭"为测度单位。同时,为了排除家庭规模经济因素的影响,对家庭消费进行家庭消费人均化处理,即:家庭总消费/家庭总人口数,能够更好地衡量差距水平。其次,对家庭人均消费与收入分别进行对数化处理,排除异方差的影响。

表 4.1 所示为 2007 年及 2013 年城镇家庭可支配收入与总消费情况。通过表 4.1 可以发现,东部家庭人均消费与人均收入远高于其他区域,东部家庭人均收入在 2007 年和 2013 年分别为 2.49 万元与 2.88 万元,2007 年高出中部 62.6%,高出西部 64.2%,而到 2013 年,差距幅度分别降低到 39.3% 与 34.6%,在均值差距上有所减缓。同时,区域间城镇居民人均消费差距幅度同样降低,东、中部差距由 73.8% 减缓至 44.1%,东、西部差距由 42% 减缓至 29.1%。

表 4.1　家庭可支配收入与总消费描述性统计

年份	区域	家庭可支配收入(人均):万元				家庭总消费(人均):万元			
		均值	标准差	最小值	最大值	均值	标准差	最小值	最大值
2007 年	东部	2.49	1.45	0.16	9.7	1.48	0.88	0.14	8.39
	中部	1.53	1.02	0.17	8.24	0.85	0.60	0.13	7.52
	西部	1.51	0.99	0.08	7.65	1.04	0.61	0.19	7.75
2013 年	东部	2.88	1.68	0.02	11.60	1.94	1.15	0.20	5.92
	中部	2.07	1.24	0.05	9.57	1.35	0.84	0.14	5.83
	西部	2.14	1.25	0.02	10.87	1.50	0.90	0.15	5.97

其次,本章根据两个观测期样本数据采用非参数核密度方法分别拟合东部、中部及西部城镇家庭人均消费分布与家庭人均可支配收入分布的变迁情况(见图 4.1、图 4.2)。可以看到:各区域城镇家庭消费均呈现"偏左峰"分布,

其中,中、西部消费分布右移程度强于东部地区,表明中、西部城镇家庭平均消费水平提高幅度高于东部,同时从这种分布变化能够发现中、西部有效的消费购买力释放程度强于东部地区。从分布变化上来看,三个区域均呈现"肥尾"现象且峰值降低,这表明区域内消费两极分化程度加深,且东部消费水平明显高于其他地区,其内部的消费极化程度最强。基于 Stocker(1986)分布理论视角,孙巍和杨程博(2014)发现收入分布变迁(见图 4.2)与消费分布变迁形态变化基本相同,说明消费分布的变化依赖于收入分布的变迁,消费异质性同样受不同收入组群的收入水平影响。本章将在此基础上,以收入分布为切入点,分析度量区域间消费分布差距的问题。对于中国扩大内需,降低区域间居民消费不平等趋势,促进区域协调发展具有重要的现实意义。

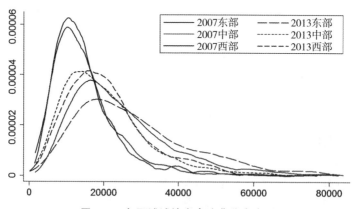

图 4.1　各区域城镇家庭消费分布变迁

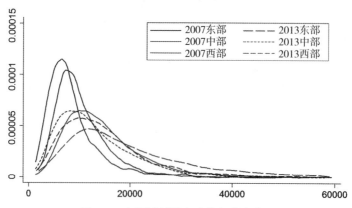

图 4.2　各区域城镇家庭收入分布变迁

表 4.2 列举了 2007 年和 2013 年 CHIP 调查数据家庭人口主要变量特征描述性统计。考虑到家庭情况对消费行为异质性的影响,参考已有研究(Appleton & Song,2008;李涛和么海亮,2013),选取研究所需的控制变量包

括：户主年龄、户主性别、户主受教育年限、婚姻状况、健康状况、户主行业及家庭规模。由于在实际回归分析中，户主行业、婚姻状况与健康情况对家庭人均消费影响并不显著，因此本章不对其进行统计描述。根据表 4.2，可以发现在户主年龄、性别、受教育程度与家庭规模上各区域城镇居民情况基本相似，户主年龄平均处于 47～50 岁之间，性别以男性为主，受教育年限基本在 11 年左右。以上数据与以往研究相符合，说明此样本具有广泛的代表性，不存在样本选择偏误。

表 4.2　样本家庭人口特征描述性统计

变量		2007 年			2013 年		
		东部	中部	西部	东部	中部	西部
户主年龄	均值	47.70	48.07	48.68	50.75	49.48	50.57
	标准差	12.66	13.45	12.17	13.33	12.88	13.17
户主性别	均值	1.34	1.35	1.46	1.28	1.22	1.33
	标准差	0.45	0.47	0.50	0.45	0.42	0.47
户主受教育年限	均值	11.27	11.62	11.23	11.15	10.57	10.11
	标准差	3.36	3.91	3.38	3.51	3.42	3.70
家庭规模（人）	均值	2.98	3.00	3.11	2.92	3.10	3.09
	标准差	0.90	0.90	0.91	1.12	1.12	1.18
样本数		2 059	1 024	865	2 587	2 144	1 423

4.2.2　再中心影响化函数（RIF）的构建

为了更为细致地度量地区间消费分布差距程度，本章引入 RIF 回归分解方法对区域间不同层次消费需求差距进行分析。RIF 回归分解（再中心化影响函数）由 Firpo 等于 2009 年提出，对比传统的条件分位数回归，无条件分位数回归能够解决遗漏变量可能导致的系数估计非一致性问题。RIF 函数是利用稳健估计中的影响函数构造无条件分位数回归函数，将被解释变量分布变化做无条件分位数的偏效应，再将得到的影响函数加回到原分布函数中，即再中心化映射。其具体形式可表达为：$\text{RIF}(Y;V) = V(F_Y) + \text{IF}(Y;V)$，$V$ 代表对分布 F 进行刻画的各种统计量，具体包括均值、方差及分位数等，而 $\text{IF}(Y;V)$ 代表其统计量 Y 所对应的影响函数。当统计量 Y 为分位数时，RIF 回归函数满足无条件分位数回归条件，此时 $\text{IF}(Y;V) = \dfrac{\tau - (Y \leqslant Q_Y)}{f_Y(Q_Y)}$，$f_Y(\bullet)$ 为其边际密度函数。RIF 函数即可表示为 $\mathrm{RIF}(Y;Q_\gamma) = Q_\gamma + \dfrac{\tau - (Y \leqslant Q_\gamma)}{f_Y(Q_\gamma)}$。根据定义，本章构造了 RIF 函数线性形式：

$$\mathrm{RIF}(\ln Y \mid_D ; Q_\gamma) = BX \mid_D + \varepsilon \tag{4.1}$$

其中，$\ln Y$ 是各区域城镇居民对数家庭人均消费，$D = 0,1$ 代表区域哑变量，本书设东部为参照区域，其哑变量值为 0，分别将中部、西部设为比对区域，其哑变量为 1；Q_γ 为消费分布分位数，选取 10 分位、25 分位、50 分位、75 分位及 90 分位点，以代表城镇居民不同的消费层次；$B = [\beta_1, \beta_2, \cdots, \beta_n]'$ 为各解释变量待估参数；X 为解释变量集合，包含对数家庭人均可支配收入、户主年龄、性别、受教育水平、家庭规模等。因本章主要探讨收入分布差异诱发的区域间居民消费不平等问题，因此选择利用收入要素对地区间不同消费层次的消费需求差距进行分解，其他解释变量仅作为控制变量。

其基本原理是构造反事实函数，将被解释变量差距分解成解释变量差异构成的"要素效应"及系数差异构成的"结构效应"，根据前文可知各区域消费分布相似，符合假设条件，由此地区间城镇居民消费分布差距可分解为

$$\Delta^\theta = q_{Y_{D=0}}^\theta \mid X - q_{Y_{D=1}}^\theta \mid X = (q_{Y_{D=0}}^\theta - q^{\theta\prime}) + (q^{\theta\prime} - q_{Y_{D=1}}^\theta) \tag{4.2}$$

其中，$q_{Y_{D=0}}^\theta \mid X$ 为东部消费分位数，$q_{Y_{D=1}}^\theta$ 分别选取中部或西部消费分位数，$q^{\theta\prime}$ 为反事实函数，其具有东部的变量特征及中部或西部的消费分布构造。

最后，在 RIF 回归分解下，其回归分解形式为

$$\widehat{\mathrm{RIF}} \mid_{D=0}^\theta - \widehat{\mathrm{RIF}} \mid_{D=1}^\theta = (\overline{X}_0 - \overline{X}_1)\hat{\beta} \mid_{D=0}^\theta + \overline{X}_0(\hat{\beta} \mid_{D=0}^\theta - \hat{\beta} \mid_{D=1}^\theta) \tag{4.3}$$

此时，可分别将东、中部消费分布差距与东、西部消费分布差距分解为两个效应：等式右边第一项为收入要素变化产生的影响，即要素效应；等式右边第二项为系数改变产生的影响，即结构效应。本书中，"要素效应"即收入差距带来的影响，"结构效应"为异质性消费需求及倾向带来的影响。引入 RIF 回归分解模型的优势在于不仅能够详细地描述各地区城镇居民消费分布状况，而且能够根据对地区间消费分布差距进行分解，估计"要素效应"与"结构效应"的贡献程度。

4.2.3　消费空间分布差距的分解结果

（1）基准模型回归结果

通过表 4.3 的 OLS 估计结果能够得到居民可支配收入及其他控制变量对家庭消费的解释程度。首先考虑各区域城镇居民的收入需求弹性，能够发现两个观测期内东部居民收入需求弹性均高于其他地区，表示随着收入增加，东部居民的平均消费意愿强于其他区域。各区域城镇居民收入需求弹性均小

于 1,说明其需求缺乏弹性,中国城镇居民整体消费较为谨慎。户主受教育年限、家庭规模能够显著地影响家庭消费,而户主年龄、性别只对个别年份与地区的家庭消费具有显著影响。均值回归结果表明居民收入对家庭消费的影响具有区域差异,同时整体消费需求差距在减小。为了排除测量误差的影响,本章利用可行广义最小二乘法(FGLS)检验回归结果的稳健性,其估计结果基本一致,证明均值回归结果相对稳健。然而,均值回归结果却掩盖了区域间不同层次消费组群的信息。下面本章将通过无条件分位数回归的方法对其关系做出更为细致的分析。

表 4.3　基准回归估计结果

年份	2007 年			2013 年		
区域	东部	中部	西部	东部	中部	西部
OLS＋稳健标准误						
对数收入	0.636***	0.563***	0.524***	0.632***	0.614***	0.569***
(人均)	(0.020)	(0.020)	(0.039)	(0.028)	(0.019)	(0.041)
户主年龄	−0.001*	−0.001	0.005	0.004	−0.001	0.001
	(0.010)	(0.001)	(0.001)	(0.001)	(0.001)	(0.001)
户主性别	0.035**	0.066***	0.022	0.029	0.117***	0.043**
	(0.020)	(0.024)	(0.020)	(0.018)	(0.021)	(0.022)
户主受教育	0.007**	0.012***	0.017***	0.024***	0.025***	0.021***
年限	(0.003)	(0.003)	(0.004)	(0.003)	(0.003)	(0.004)
家庭规模	−0.047***	−0.102***	−0.048***	−0.060***	−0.075***	−0.098***
	(0.010)	(0.012)	(0.011)	(0.009)	(0.010)	(0.012)
截距项	3.187***	3.657***	4.040***	3.174***	3.218***	3.867***
	(0.205)	(0.238)	(0.361)	(0.274)	(0.188)	(0.411)
R^2	0.49	0.46	0.44	0.49	0.47	0.48

(续表)

年份	2007 年			2013 年		
区域	东部	中部	西部	东部	中部	西部
FGLS						
对数收入	0.613***	0.556***	0.532***	0.587***	0.581***	0.553***
（人均）	(0.014)	(0.018)	(0.017)	(0.011)	(0.015)	(0.016)
户主年龄	−0.001*	−0.001	0.001	0.001	−0.002	0.001
	(0.010)	(0.001)	(0.001)	(0.001)	(0.001)	(0.001)
户主性别	0.039**	0.072***	0.035	0.021	0.112***	0.034**
	(0.020)	(0.023)	(0.021)	(0.022)	(0.023)	(0.026)
户主受教育	0.010**	0.014***	0.017***	0.039***	0.024***	0.031***
年限	(0.003)	(0.003)	(0.003)	(0.003)	(0.003)	(0.004)
家庭规模	−0.049***	−0.086***	−0.046***	−0.104***	−0.078***	−0.134***
	(0.009)	(0.011)	(0.011)	(0.008)	(0.008)	(0.010)
截距项	3.388***	3.622***	3.997***	3.583***	3.587***	3.953***
	(0.151)	(0.182)	(0.171)	(0.128)	(0.153)	(0.419)
R^2	0.49	0.47	0.47	0.47	0.49	0.48

注:***、**和*分别表示在 1%、5%和 10%的水平下显著,括号里为标准误。

（2）无条件分位数回归结果分析

城镇居民收入分布差异诱发的区域间消费分布差距的原因可以解析为两方面因素:一是个体收入特征的影响;二是异质性消费倾向与消费需求的影响。通过前文可以发现,从均值变化能够看到区域间平均收入水平与平均消费水平的差距有减小的趋势。那么,从人群分布上来看,又存在怎样的变化趋势?导致区域间消费分布差距的因素又将如何变化?

表 4.4 刻画了不同消费层次的人群对应的收入需求弹性变化[1],通过纵向比较无条件分位数回归系数发现,各区域城镇居民家庭消费的需求弹性均符合倒"U"形特征(如图 4.3 所示)。从变化趋势来看,东部、西部的需求弹性下降,

---

① 同时作为控制变量的有户主年龄、性别、受教育水平、家庭规模等,因本章主要研究从收入分布角度研究消费分布差距,因此其他变量回归结果不显示于图表中。

其居民消费对收入的依赖性减弱；而中部体现上升倾向，意味着其居民消费对收入的依赖性增强。在各分位点的消费差距上，东部的需求弹性依然高于中、西部地区，两个年度东部的中低（25 分位点）、中等（50 分位点）、中高（75 分位点）消费层次人群均富有弹性，当收入增长 1％时，其弹性分别由增长 1.15％、1.30％、1.12％减少至增长 1.02％、1.23％、1.06％，增幅减缓。而对于中、西部区域而言，只有中等消费层次（50 分位点）群体两年均保持富有弹性，其需求收入弹性分别从 1.11、1.19 变化为 1.21、1.07，说明中、西部的消费潜力还未得到充分释放，大部分城镇居民受到收入水平的制约无法将其消费意愿转化为有效需求。各区域低分位点人群和高分位点人群消费的收入弹性并不敏感，其原因可归结为低分位点人群受收入水平约束，会增加预防性储蓄，同时难以获得足额的消费信贷实现平滑消费，消费相对谨慎；而高分位点人群由于收入增加到一定阶段，其消费对收入的依赖性减弱，能够按照个人意愿进行选择性消费。

表 4.4　2007 年与 2013 年无条件分位数回归比较

| 家庭人均收入对数 | | 家庭人均消费对数 | | | | | | | | | |
| | | 10 分位点 | | 25 分位点 | | 50 分位点 | | 75 分位点 | | 90 分位点 | |
		2007 年	2013 年	2007 年	2013 年	2007 年	2013 年	2007 年	2013 年	2007 年	2013 年
	东部	0.67*** (0.06)	0.63*** (0.06)	1.15*** (0.05)	1.02*** (0.07)	1.30*** (0.06)	1.23*** (0.07)	1.12*** (0.06)	1.06*** (0.07)	0.67*** (0.06)	0.68*** (0.06)
	中部	0.57*** (0.08)	0.61*** (0.06)	0.93*** (0.09)	1.01*** (0.06)	1.11*** (0.09)	1.21*** (0.05)	0.94*** (0.08)	0.98*** (0.06)	0.67*** (0.08)	0.62*** (0.06)
	西部	0.63*** (0.09)	0.52*** (0.10)	0.10*** (0.09)	0.86*** (0.10)	1.19*** (0.11)	1.07*** (0.10)	1.06*** (0.11)	0.85*** (0.10)	0.78*** (0.10)	0.61*** (0.09)
截距项	东部	1.84*** (0.66)	2.69*** (0.66)	−2.66*** (0.60)	−1.28* (0.71)	−3.83*** (0.61)	−3.37*** (0.66)	−1.38** (0.63)	−1.19* (0.66)	3.77*** (0.60)	3.39*** (0.61)
	中部	2.70*** (0.81)	2.72*** (0.64)	−0.27 (0.97)	−1.38** (0.63)	−1.89** (0.93)	−2.82*** (0.54)	0.05 (0.79)	−0.63 (0.55)	3.31*** (0.87)	3.68*** (0.56)
	西部	2.40*** (0.91)	3.69*** (1.03)	−1.19 (0.94)	0.90 (1.01)	−3.02*** (1.06)	−1.17 (1.00)	−0.88 (1.04)	1.30 (0.98)	2.55*** (0.94)	4.41*** (0.89)
R^2	东部	0.16	0.18	0.30	0.33	0.32	0.42	0.29	0.35	0.19	0.20
	中部	0.14	0.21	0.26	0.34	0.30	0.40	0.29	0.31	0.19	0.17
	西部	0.18	0.19	0.28	0.33	0.37	0.35	0.33	0.25	0.25	0.16

注：***、**和*分别表示在 1％、5％和 10％的水平下显著，括号里为稳健标准误。

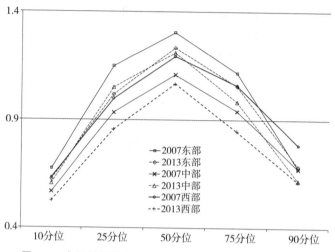

图 4.3 各区域城镇居民不同层次家庭消费需求弹性变化

（3）区域间不同层次家庭消费需求差距分解结果

表4.5给出了地区间城镇家庭不同层次消费需求差距的程度及其变化趋势，可以发现东部与中部间的消费差距程度已经超过了东、西部间的差距水平。从消费分布来看，东部与中部居民间的消费差距水平在10~75分位点降低，而在90分位点有所上升；而东部与西部的差异水平在10~50分位点降低，在75~90分位点上升。这说明随着整体收入水平的上升，中端消费层次以下群体间的消费差距在缩小，而中高端消费层次以上群体的消费差距在加大，如图4.4所示。随着时间变化，东、中部间消费差距最大的消费层次组群由50分位点变化到90分位点，当收入差距改变1%时，其消费不平等程度分别增长0.58%与0.52%；东、西部间消费差距最大的群体始终位于90分位点，差异水平由0.373上升至0.398。然而，由于收入分布差异改变使得两极化程度增强，中、低分位点差距的减小程度不能完全弥补中高、高分位点差距的扩大，所以尽管均值消费差距有减小的趋势，但总量上来看区域间城镇居民消费不平等始终存在。

表 4.5 不同层次家庭消费区域差距水平

分位点	2007 年		2013 年	
	东、中部差距水平	东、西部差距水平	东、中部差距水平	东、西部差距水平
10	0.576	0.259	0.384	0.249
25	0.574	0.311	0.368	0.218
50	0.580	0.356	0.401	0.265
75	0.579	0.342	0.468	0.357
90	0.518	0.373	0.522	0.398

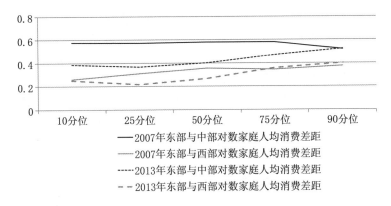

图 4.4　区域间不同层次对数家庭消费差距变化趋势

　　表 4.6 与表 4.7 分别报告了地区间城镇居民消费差距无条件分位数回归分解结果。可以发现要素效应为正,说明收入水平的不平等程度加深了区域间居民消费差距;结构效应既存在正向作用也存在负向影响,当结构效应为正时,异质性的消费倾向加大了其消费差距,反之则对消费差距起到缩小作用。

　　在表 4.6 中,对于东部与中部 10 分位与 90 分位的消费层次组群,其消费不平等是要素效应和结构效应共同作用的结果。收入要素影响是要素效应的主要组成部分,例如在消费分布的低分位点,其要素效应从 0.349 变化为 0.280,其中收入因素 RIF 值分别为 0.354 与 0.235,对要素效应的贡献分别达到了 101% 与 84%。对低消费层次群体而言,要素效应对地区间总差距的贡献率由 60.59% 上升至 72.92%,而结构效应贡献率由 39.41% 下降至 27.08%,收入差距对低分位组群消费不平等的作用在增强。而对于高消费层次组群,其消费差距对比 2007 年呈扩大趋势,要素效应贡献率由 65.6% 减小至 55.7%,结构效应贡献率由 34.4% 增加至 44.3%,意味着对于这两个区域的高消费层次群体,其消费差距受收入水平制约的影响减少,而不同的消费倾向与消费习惯对其消费不平等的作用愈加显著。在消费分布的 25~75 分位点,要素效应起主导作用,结构效应影响从不显著转变为显著。在第二个观测期,对位于 25 分位与 50 分位组群来讲,当其消费倾向异质程度增强 1%,其消费差距能够分别减少 0.095% 与 0.142%,意味着东、中区域间这部分人群异质性的消费倾向能够有效缩小其消费差距。针对东部与西部间城镇居民的消费不平等特征,又呈现出有别于东、中部差距的趋势,如表 4.7 所示。2007年,低分位点人群间与高分位点人群间的消费差距均主要由要素效应起主导作用,结构效应影响不显著,其要素效应 RIF 值分别为 0.344 与 0.351。中间消费层次群体间的消费差距由两种效应共同作用,收入差距在一定程度上扩大了消费不平等水平,其贡献率在不同分位点分别为 189.4%、189% 与 170.8%,而消费倾向差异对其消费不平等程度起到抑制作用,其贡献率分别为 -89.4%、-89% 与 -70.8%。在 2013 年,区域间中高分位与低分位点的差距均仅由收入要素特征决定,而中低、中等和高分位的差距由两个因素共同主导。对于东、西区域 25 分位与 50 分位的群体,要素效应为正,结构效应为负,在两种效应共同作用下总差距降低。而对于 90 分位点的群体,要素效应与结构效应均为正值,其贡献率分别达到 60.8% 与 39.2%,使得总差距水平上升。

表 4.6　东部与中部城镇家庭消费差距 RIF 回归分解结果

东部与中部		10 分位点	25 分位点	50 分位点	75 分位点	90 分位点
	总差距	0.576***	0.574***	0.580***	0.579***	0.518***
		(0.048)	(0.061)	(0.067)	(0.061)	(0.049)
	要素效应	0.349***	0.588***	0.671***	0.573***	0.340***
		(0.038)	(0.047)	(0.052)	(0.047)	(0.038)
2007 年	对数收入	0.354***	0.603***	0.684***	0.585***	0.354***
		(0.036)	(0.044)	(0.049)	(0.044)	(0.036)
	结构效应	0.227***	-0.015	-0.091	0.006	0.178***
		(0.063)	(0.065)	(0.065)	(0.054)	(0.044)
	对数收入	1.019	2.040**	1.849*	1.669*	-0.001
		(0.926)	(0.999)	(0.976)	(0.892)	(0.964)
	总差距	0.384***	0.368***	0.401***	0.468***	0.522***
		(0.039)	(0.048)	(0.052)	(0.049)	(0.040)
	要素效应	0.280***	0.464***	0.544***	0.447***	0.291***
		(0.029)	(0.035)	(0.038)	(0.033)	(0.028)
2013 年	对数收入	0.235***	0.407***	0.468***	0.380***	0.265***
		(0.027)	(0.033)	(0.034)	(0.031)	(0.025)
	结构效应	0.102***	-0.095**	-0.142***	0.021	0.231***
		(0.032)	(0.039)	(0.044)	(0.049)	(0.033)
	对数收入	0.189	-0.335	0.245	-0.739	-0.644
		(0.900)	(0.940)	(0.861)	(0.874)	(0.811)

注:***、**和*分别表示在 1%、5%和 10%的水平下显著,括号里为标准误。

表 4.7　东部与西部城镇家庭消费差距 RIF 回归分解结果

东部与西部		10 分位点	25 分位点	50 分位点	75 分位点	90 分位点
2007 年	总差距	0.259*** (0.050)	0.311*** (0.066)	0.356*** (0.073)	0.342*** (0.066)	0.373*** (0.052)
	要素效应	0.344*** (0.039)	0.589*** (0.049)	0.673*** (0.054)	0.584*** (0.049)	0.351*** (0.039)
	对数收入	0.354*** (0.037)	0.603*** (0.046)	0.760*** (0.047)	0.586*** (0.046)	0.354*** (0.037)
	结构效应	−0.085 (0.064)	−0.278*** (0.068)	−0.317*** (0.067)	−0.242*** (0.057)	0.023 (0.046)
	对数收入	0.411 (1.002)	1.430 (1.014)	0.150 (1.164)	0.537 (1.163)	−1.030 (1.1076)
2013 年	总差距	0.249*** (0.046)	0.218*** (0.056)	0.265*** (0.062)	0.357*** (0.056)	0.398*** (0.046)
	要素效应	0.196*** (0.036)	0.387*** (0.038)	0.451*** (0.042)	0.383*** (0.038)	0.242*** (0.029)
	对数收入	0.167*** (0.034)	0.324*** (0.035)	0.393*** (0.039)	0.337*** (0.035)	0.218*** (0.027)
	结构效应	−0.053 (0.039)	−0.168*** (0.055)	−0.187*** (0.053)	−0.026 (0.050)	0.156*** (0.041)
	对数收入	1.029 (1.195)	1.591 (1.174)	1.643 (1.176)	2.059* (1.175)	0.695 (1.082)

注：***、** 和 * 分别表示在 1％、5％和 10％的水平下显著,括号里为标准误。

图 4.5 描述了在区域间消费分布差距变化中要素效应与结构效应的解释程度。对于东部与中部间不同消费水平居民的消费差距而言,低分位点要素效应解释的比例增高,而结构效应解释的比例降低,中至高分位点要素效应解释的比例降低,结构效应解释的比例增高;而对于东部与西部间的消费差距,不同消费分位点上,要素效应作用的比例均在不同程度上减弱,而结构效应作用的比例增强。这说明随着整体收入水平的提高,购买力水平制约对区域间居民消费不平等的作用已经降低,而促进区域消费市场的多样化发展将成为解决区域间居民消费不平等问题有效的途径。

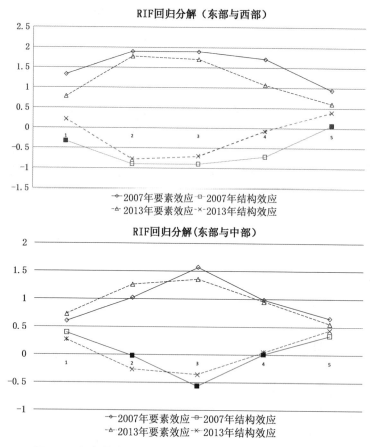

图 4.5   要素效应与结构效应对区域间消费差距的解释程度

4.3   收入空间分布不平衡对居民消费
不平等的影响

　　通过上一节对城镇居民区域消费分布差距特征的刻画,发现地区间不同消费层次组群的消费差距的主要影响因素存在差别。根据前文可知,各区域内城镇居民收入分布与消费分布形态相似,由此说明其消费分布对收入分布具有很强的依赖性,消费分布中不同分位点组群的行为特征受收入分布中对应组群收入水平的影响。在此基础上,为了更为具体地观察收入分布差异对区域间不同层次消费差距的作用,本节将上一章中收入分布差异分解指标纳入对消费不平等影响的研究框架中。以此从收入分布角度分别探究其差异分解指标对消费需求差距的贡献,以更为具体地分析造成区域间居民消费不平等的原因。

4.3.1　含有分解指标的计量模型分析

在异质性消费偏好假说下,本节设定收入分布中不同收入群体具有异质性的消费偏好。不同收入组群的边际消费倾向不同,以收入为标准对消费偏好进行划分能够更好地描述群体消费行为(郭庆旺,2013)。在以往研究基础上,设定回归方程如下:

$$Y_{ij,t} = \alpha_{ij,t} + \beta_{ij,t} X_{ij,t} + \sum_{k=1}^{n} \text{family}_{kij,t} + \varepsilon_{ij,t} \tag{4.4}$$

其中,设定 j 为区域虚拟变量,将东部设定为对照区域,即 $j=0$,将中、西部分别设为比对区域,即 $j=1$;同时根据收入分布的 10,25,50,75 与 90 分位点将 t 时期 j 区域家庭按照收入水平划分为 6 组,分别用 $i=1,2,\cdots,6$ 表示。此时,$Y_{ij,t}$ 代表 t 时期第 i 组家庭于 j 区域的家庭人均消费,$\beta_{ij,t}$ 与 $X_{ij,t}$ 分别代表 j 区域第 i 组收入分布家庭的边际消费倾向与家庭人均收入,$\sum_{k=1}^{n} \text{family}_{kij,t}$ 为家庭控制变量(户主信息、家庭成员数量、家庭重大事件等)。

根据第 3 章中城镇居民区域收入分布差异构造的反事实分布,可以得到收入组群 i 于不同反事实分布中的消费情况。在"均值差距"分布条件下,其第 i 组组群的反事实收入为 $X'_{i\zeta_1,t}$,代表 t 时期其他条件不变情况下,仅收入均值改变对比对区域居民家庭人均消费 $Y'_{i\zeta_1,t}$ 的影响;在"分配差距"分布条件下,其反事实收入为 $X'_{i\zeta_2,t}$,代表其他条件不变情况下,仅 t 时期区域内收入分配格局改变对该区域居民家庭人均消费 $Y'_{i\zeta_2,t}$ 的影响。借鉴 Jenkins 和 Van Kerm(2005)的做法,可设定反事实收入满足:

$$X'_{i\zeta_1,t} = X_{i1,t} + (\mu_0 - \mu) \tag{4.5}$$

$$X'_{i\zeta_2,t} = \mu_0 + \frac{\sigma_0}{\sigma}(X_{i1,t} - \mu) \tag{4.6}$$

此时,t 时期比对区域与对照区域不同收入水平家庭人均消费差距可表示如下所示:

$$Y_{i0,t} - Y_{i1,t} = \underbrace{(Y'_{i\zeta_1,t} - Y_{i1,t})}_{\text{均值差距效应}} + \underbrace{(Y'_{i\zeta_2,t} - Y'_{i\zeta_1,t}) + (Y_{i0,t} - Y'_{i\zeta_2,t})}_{\text{分配差距效应}} \tag{4.7}$$

其不同收入分布点的家庭人均消费差距可分解成为收入分布差异中"均值差距"与"分配差距"分别产生的效应,"分配差距"由"离散程度"与"异质程度"共同构成。

基于上述含有收入分布差异分解指标的回归模型,接下来采用 CHIP2007

年与 2013 年的微观家庭调查数据,实证检验"均值差距"与"分配差距"对城镇家庭消费需求的作用机制。

4.3.2　基于反事实分布的消费需求空间对比检验

表 4.8 与表 4.9 分别对比了各区域不同收入分布城镇居民家庭的消费需求,并且报告了反事实分布下比对组消费需求的变化情况。基于反事实分布的家庭异质性消费倾向,能够判断收入均值改变与分配格局变化对比对区域不同收入水平家庭消费需求产生的影响。

表 4.8　东部与中部家庭消费需求估计与对比

年份	分布	<10%	10%~25%	25%~50%	50%~75%	75%~90%	>90%
2007 年	中部	0.409*** (0.077)	0.323** (0.158)	0.459*** (0.104)	0.585*** (0.123)	0.368** (0.142)	0.110* (0.061)
	反事实1	0.409*** (0.077)	0.323** (0.158)	0.459*** (0.104)	0.585*** (0.123)	0.368** (0.142)	0.110* (0.061)
	反事实2	0.270*** (0.051)	0.213** (0.104)	0.303*** (0.069)	0.387*** (0.081)	0.243** (0.094)	0.073* (0.041)
	东部	0.628*** (0.073)	0.545*** (0.134)	0.404*** (0.098)	0.557*** (0.078)	0.312*** (0.115)	0.352*** (0.112)
2013 年	中部	0.566*** (0.076)	0.393** (0.183)	0.646*** (0.109)	0.660*** (0.127)	0.612*** (0.169)	0.336*** (0.091)
	反事实1	0.566*** (0.076)	0.393** (0.183)	0.646*** (0.109)	0.660*** (0.127)	0.612*** (0.169)	0.336*** (0.091)
	反事实2	0.395*** (0.053)	0.274** (0.128)	0.451*** (0.076)	0.461*** (0.089)	0.428*** (0.118)	0.235*** (0.064)
	东部	0.644*** (0.074)	0.911*** (0.140)	0.537*** (0.100)	0.853*** (0.091)	0.701*** (0.139)	0.571*** (0.132)

注:***、**和*分别表示在 1%、5%和 10%的水平下显著,括号里为稳健标准误。

表 4.8 列举了东部与中部家庭消费需求估计的比较结果。回归结果显示,区域内不同收入分布家庭的边际消费倾向呈现非严格递减规律。通过不同观测期的对比来看,随着整体实际收入水平的提升,刺激了不同收入水平家庭的消费需求,到第二个观测期边际消费倾向均表现为上升趋势。这表明消费信贷体系的逐渐完善对低收入及中低收入家庭的消费产生了促进作用,在其收入提高的同时,改

善基本生活条件的意愿高涨,消费潜力较大。对于中等收入以上的家庭而言,东部家庭边际消费倾向上升幅度高于中部地区家庭。其边际消费倾向变化幅度的差异可归结为区域间中、高端消费市场发展的不平衡,在一定程度上对比对区域中高收入以上家庭的消费产生抑制。在收入均值水平变化情况下,因各收入水平家庭在社会中的经济地位并未得到提升,因此收入均值的同步提高对不同分布家庭消费偏好影响不大,而分配格局极化趋势的增强,在不同程度上降低了其边际消费倾向。从消费角度验证了库兹涅茨假说中当居民收入水平达到一定程度时,收入分配极化将对经济增长产生抑制作用。

东部与西部的低收入与中低收入家庭消费需求变化比较情况与东、中部比较情况相似,但低收入与中高收入家庭消费需求却具有不同的变化趋势,如表 4.9 所示。西部低收入与中高收入家庭边际消费倾向均下降,而东部家庭边际消费倾向却呈现上升趋势。这意味着对于西部低收入家庭而言,收入约束依然是制约其购买力水平的重要原因。同时尽管西部中高收入家庭收入水平提升,但是其消费却没有等比例增加,表明西部这一收入水平组群消费可能处于发展与升级阶段,消费增长潜力较大,而针对这一收入与消费水平组群的市场发展却相对滞后。收入水平与分配格局变化对西部家庭消费的影响与对中部家庭的作用基本相似,证明对于比对区域来讲,收入分布差异对其消费需求具有一致性的影响。

表 4.9　东部与西部家庭消费需求估计与对比

年份	分布	<10%	10%~25%	25%~50%	50%~75%	75%~90%	>90%
2007 年	西部	0.813***	0.346**	0.313**	0.404**	0.656***	0.399***
		(0.102)	(0.170)	(0.122)	(0.166)	(0.198)	(0.127)
	反事实 1	0.813***	0.346**	0.313**	0.404**	0.656***	0.399***
		(0.102)	(0.170)	(0.122)	(0.166)	(0.198)	(0.127)
	反事实 2	0.558***	0.238**	0.215**	0.277**	0.451***	0.274***
		(0.070)	(0.117)	(0.084)	(0.114)	(0.136)	(0.087)
	东部	0.628***	0.545***	0.404***	0.557***	0.312***	0.352***
		(0.073)	(0.134)	(0.098)	(0.078)	(0.115)	(0.112)
2013 年	西部	0.562***	0.950***	0.666***	0.490***	0.486***	0.443**
		(0.087)	(0.187)	(0.160)	(0.171)	(0.183)	(0.194)
	反事实 1	0.562***	0.950***	0.666***	0.490***	0.486***	0.443**
		(0.087)	(0.187)	(0.160)	(0.171)	(0.183)	(0.194)
	反事实 2	0.391***	0.661***	0.463***	0.341***	0.338***	0.308**
		(0.061)	(0.130)	(0.111)	(0.119)	(0.128)	(0.135)
	东部	0.644***	0.911***	0.537***	0.853***	0.701***	0.571***
		(0.074)	(0.140)	(0.100)	(0.091)	(0.139)	(0.132)

注:***、**和*分别表示在 1%、5%和 10%的水平下显著,括号里为稳健标准误

前文使用 OLS＋稳健标准误考察收入分布差异变化对不同收入水平家庭消费的影响，本节继续使用 FGLS 的方法对其进行稳健性检验。通过 FGLS 估计结果（见表 4.10），可以看到各区域不同收入分布家庭的边际消费倾向变化规律与 OLS＋稳健标准误检验结果相同，且其边际消费倾向估计结果基本一致，证明前文估计结果稳健有效。无论是 OLS＋稳健标准误估计还是 FGLS 估计，均表明收入分布的改变对不同区域各收入水平家庭的消费倾向存在影响。

表 4.10　FGLS 回归估计结果

年份	分布		＜10％	10％～25％	25％～50％	50％～75％	75％～90％	＞90％
2007 年		中部	0.429***	0.308**	0.459***	0.565***	0.332**	0.071*
			(0.084)	(0.154)	(0.103)	(0.120)	(0.136)	(0.046)
		西部	0.817***	0.361*	0.332***	0.412***	0.638***	0.378***
			(0.115)	(0.189)	(0.118)	(0.143)	(0.182)	(0.119)
		东部	0.647***	0.547***	0.410***	0.559***	0.303**	0.345***
			(0.090)	(0.138)	(0.099)	(0.079)	(0.114)	(0.101)
	反事实 1	东部与中部	0.429***	0.308**	0.459***	0.565***	0.332**	0.071*
			(0.084)	(0.154)	(0.103)	(0.120)	(0.136)	(0.046)
		东部与西部	0.817***	0.361*	0.332***	0.412***	0.638***	0.378***
			(0.115)	(0.189)	(0.118)	(0.143)	(0.182)	(0.119)
	反事实 2	东部与中部	0.283***	0.204**	0.303***	0.374***	0.219**	0.068*
			(0.056)	(0.102)	(0.068)	(0.080)	(0.090)	(0.030)
		东部与西部	0.560***	0.248*	0.228***	0.283***	0.438***	0.260**
			(0.079)	(0.130)	(0.081)	(0.098)	(0.125)	(0.081)
2013 年		中部	0.570***	0.377**	0.634***	0.645***	0.607***	0.332***
			(0.086)	(0.169)	(0.102)	(0.118)	(0.203)	(0.073)
		西部	0.570***	0.960***	0.635***	0.484***	0.479**	0.453**
			(0.098)	(0.182)	(0.154)	(0.155)	(0.211)	(0.177)
		东部	0.637***	0.909***	0.548***	0.860***	0.763***	0.619***
			(0.075)	(0.142)	(0.098)	(0.093)	(0.168)	(0.130)
	反事实 1	东部与中部	0.570***	0.377**	0.634***	0.645***	0.607***	0.332***
			(0.086)	(0.169)	(0.102)	(0.118)	(0.203)	(0.073)
		东部与西部	0.570***	0.960***	0.635***	0.484***	0.479**	0.453**
			(0.098)	(0.182)	(0.154)	(0.155)	(0.211)	(0.177)
	反事实 2	东部与中部	0.398***	0.263**	0.443***	0.450***	0.424***	0.232**
			(0.060)	(0.118)	(0.071)	(0.082)	(0.142)	(0.051)
		东部与西部	0.397***	0.668***	0.442***	0.337***	0.333**	0.316**
			(0.068)	(0.127)	(0.107)	(0.108)	(0.147)	(0.123)

注：***、** 和 * 分别表示在 1％、5％ 和 10％ 的水平下显著，括号里为标准误。

4.3.3　分解指标对居民消费不平等的影响结果

表 4.11、表 4.12 分别报告了收入分布差异对地区间各收入水平家庭消费不平等的影响结果。在表 4.11 与表 4.12 中，第 3 列均代表地区间各收入水平家庭人均消费数额差距，第 4 列、第 6 列及第 8 列均代表收入分布差异分解指标引发的消费额度差距，而第 5 列、第 7 列及第 9 列则代表其作用程度。

表 4.11　东部与中部家庭人均消费差距

收入分布		消费差距	均值差距效应		分配差距效应			
					离散程度效应		异质程度效应	
2007 年	<10%	3 215.051	4 038.808	1.256	−2 280.342	−0.709	1 456.585	0.453
	10%~25%	3 816.051	3 190.146	0.836	−1 278.889	−0.335	1 904.790	0.499
	25%~50%	5 222.649	4 534.820	0.868	−1 057.422	−0.202	1 745.252	0.334
	50%~75%	7 061.814	5 783.150	0.819	43.246	0.006	1 235.418	0.175
	75%~90%	9 046.770	3 632.905	0.402	1 308.344	0.145	4 105.521	0.454
	>90%	9 270.560	1 086.459	0.117	1 303.677	0.141	6 880.424	0.742
2013 年	<10%	1 818.344	5 186.179	2.852	−3 639.778	−2.002	271.943	0.150
	10%~25%	3 545.430	3 600.938	1.016	−1 809.147	−0.510	1 753.639	0.495
	25%~50%	4 540.710	5 920.795	1.304	−1 618.564	−0.356	238.479	0.053
	50%~75%	6 838.580	6 051.514	0.885	308.384	0.045	478.682	0.070
	75%~90%	12 412.680	5 614.313	0.452	2 500.876	0.201	4 297.490	0.346
	>90%	17 382.970	3 083.933	0.177	4 067.714	0.234	10 231.322	0.589

表 4.12　东部与西部家庭人均消费差距

收入分布		消费差距	均值差距效应		分配差距效应			
					离散程度效应		异质程度效应	
2007 年	<10%	1 957.378	8 008.186	4.091	−3 860.129	−1.972	−2 190.680	−1.119
	10%~25%	2 486.698	3 410.014	1.371	−1 199.382	−0.482	276.066	0.111
	25%~50%	3 744.458	3 077.098	0.822	−631.681	−0.169	1 299.041	0.347
	50%~75%	4 670.920	3 978.763	0.852	−15.173	−0.003	707.329	0.151
	75%~90%	6 130.910	6 461.930	1.054	1 783.308	0.291	−2 114.328	−0.345
	>90%	7 677.500	3 928.603	0.512	3 730.854	0.486	18.043	0.002

（续表）

收入分布		消费差距	均值差距效应		分配差距效应			
					离散程度效应		异质程度效应	
2013年	<10%	1 498.535	4 751.507	3.171	−3 710.840	−2.476	457.869	0.306
	10%~25%	2 089.882	8 033.950	3.844	−4 341.610	−2.077	−1 602.458	−0.767
	25%~50%	2 953.040	5 628.981	1.906	−1 573.769	−0.533	−1 102.171	−0.373
	50%~75%	5 347.290	4 139.266	0.774	201.892	0.038	1 006.132	0.188
	75%~90%	11 041.570	4 106.594	0.372	1 993.979	0.181	4 940.997	0.447
	>90%	13 657.360	3 742.880	0.274	4 866.379	0.356	5 048.101	0.370

　　通过分解消费差距的影响结果可以发现，随着收入分位点的走高，其消费支出差距逐渐增大，收入分布的"均值差距"产生的影响效应非严格下降，"分配差距"中"离散程度"产生的影响效应非严格上升，而"分配差距"中"异质程度"产生的影响结果则是随机变化的。从分解消费差距的解释程度上来看，"均值差距"的贡献率伴随着收入分位点变大非严格下降，而"离散程度"的贡献率伴随着收入分位点变大而上升。这可以解释为收入分布的"均值差距"对于中高收入以下的家庭人均消费差距具有决定性的影响，而对于最高收入家庭而言，"离散程度"则是造成区域间居民消费不平等最重要的原因。值得注意的是，"离散程度"能够在一定程度上缩小区域间中低收入家庭的消费不平等水平，这从侧面解释了收入分配格局极化程度越强，越不利于释放中低收入水平居民的消费潜力。

　　通过区域间消费差距分解因素影响程度的变化，能够看到位于不同收入分布区间家庭人均消费支出差距额度上涨，同时能够体现地区间收入分布差异分解指标引致的消费需求效应差异。"均值差距"对于东、中部50分位点以下的家庭影响程度变大，只对东、西部较低收入及中低收入家庭的作用程度增强（如图4.6所示）。这反映了尽管地区间收入不平等程度降低，然而整体收入水平差距仍然是影响地区间低收入居民消费差距的主要因素，并且作用程度有上涨趋势。"分配差距"中"离散程度"能够缩小地区间中等收入以下家庭消费不平等程度，而对中高及高收入家庭却起到扩大作用。从收入分布差异分解指标的作用程度上来看，相比东部与中部间的消费差距，收入分布差异对东、西部间的消费差距的影响更为显著。总体来讲，"均值差距"主要影响地区间中等收入以下群体的消费差距，"分配差距"主要影响地区间中高及高收入群体的消费差距。

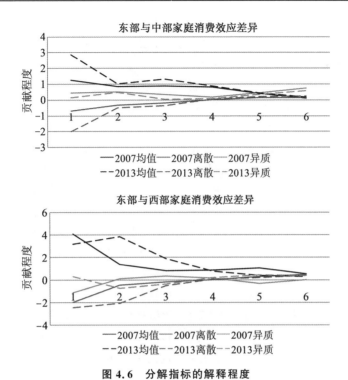

图 4.6　分解指标的解释程度

　　基于上述研究结果,结合上一节从消费层次角度对区域消费分布差距特征的分析,本章得到组群消费需求差距主要影响因素不同的一致性结果。无论是从收入分布角度还是消费分布角度,收入水平差距依然是引起地区间中等收入以下的群体消费不平等的主要原因。就地区间高收入组群来看,其消费不平等受收入差距约束影响弱化,而收入组群分配格局差距导致的中、高端市场差异对其作用程度更强,继而引发地区间高层次的消费不平等趋势。对于中等消费层次组群而言,其异质性的消费倾向有助于缓解其地区间的消费差距,同时中、西部地区较东部地区区域内收入分布极化程度低,通过研究结果发现当收入分配极化程度增强时,家庭边际消费倾向减弱,中、西部极化程度较低的收入分布状态同样减缓了地区间中等消费层次的消费不平等趋势。

4.4　本章小结

　　进一步释放国内需求潜力,对于推动消费升级、促进区域协调发展具有积极作用。收入分布差异诱发的区域间城镇居民消费不平等,在一定程度上抑制了以消费为驱动的经济增长循环。针对地区间居民消费需求差距问题，本章基于中国家庭收入调查（CHIP）2007 与 2013 年微观数据从消费分布角度应用 RIF 回归分解及无条件分位数回归的方法对城镇居民区域消费分布的差距进行了刻画，并在此基础上利用上一章构建的分解指标分析了城镇居民收入分布差异对地区间居民消费不平等的作用机制，分别考察了分解指标"均值差距"与"分配差距"对区域间居民消费差距的影响程度。

首先，从城镇居民区域消费分布差距刻画的结果来看，区域间各层次消费差距的变化体现出不同趋势，东部与中部间的城镇居民消费差距在低端消费层次组群到中高消费层次组群减小，高端消费层次组群差距扩大；而东部与西部间的消费差距在消费分布的 10～50 分位点减弱、75～90 分位点增强。RIF 回归分解结果证明地区间收入差距是诱发其居民消费不平等的主要原因，对于区域间不同消费层次组群来讲，收入差距对于消费需求的影响在整个分布均存在。随着消费分位点走高，收入差距影响带来的"要素效应"作用程度降低，而异质性消费倾向带来的"结构效应"作用程度增强。随着时间变化，"要素效应"拉大了区域间居民消费差距，而"结构效应"对低端消费层次与高端消费层次组群的消费不平等具有正向影响，对中间消费层次组群的消费差距具有负向影响，异质性的消费需求与倾向减弱了地区间中间消费层次人群的不平等程度。

其次，就收入分布差异分解指标对居民消费需求的影响而言，随着收入分位点走高，区域内家庭边际消费倾向非严格下降，区域间居民消费差距扩大。基于收入分布差异分解指标所构建的反事实收入分布，能够发现分配格局的平缓趋势在不同程度上降低了区域内不同收入水平家庭的边际消费倾向。当分配格局不变时，因家庭社会经济地位并未得到显著提升，因此仅整体收入水平上升对家庭边际消费倾向并无显著的影响。根据分析"均值差距"与"分配差距"指标对区域间居民消费差距的作用机制，发现收入分布的"均值差距"贡献率随着分位点变大而下降，收入分布的"分配差距"中"离散程度"贡献率随着分位点变大而上升。"均值差距"对于地区间中等收入以下家庭的消费差距具有决定性的作用，而"分配差距"中"离散程度"是造成地区间最高层次消费差距最重要的原因。然而，"离散程度"却能够缩小中高层次以下的消费差距。说明现阶段造成区域间整体居民消费不平等的主要是整体收入水平差距，这是区域经济发展不平衡引发的结果。伴随收入水平上升，收入组群区域分配不均导致的"分配差距"作用程度增强，对区域间中、高端消费需求影响更为显著。

根据上述研究结果，收入分布差异对区域间城镇居民消费不平等的影响主要通过收入水平差距与分配格局差距两种途径。一方面,中国区域非均衡发展战略政策效果的长期累积拉大了区域间居民整体收入水平的差距,这在一定程度上制约了中、西部居民的最终消费。另一方面,收入分布的持续变化造成了收入组群分布的区域不平衡,继而诱发区域间收入分布结构的差距。对于区域内部来讲,收入分布的离散化趋势越强,越不利于中低收入水平以下居民消费。从区域间对比来讲,收入组群的区域分布不均必然会通过影响异质性消费需求与偏好对区域间消费市场发展产生冲击,这对释放中、西部中、高端消费潜力,进而促进消费升级产生障碍。缩小区域间居民消费不平等程度,既能够有效促进居民消费增长,推动需求结构升级,又对改善居民经济福利具有重要的意义。首先,随着居民整体收入水平的提高,购买力水平差异对于中、西部城镇居民消费的抑制作用在减弱,然而收入水平依旧是制约低层次消费需求的重要原因。对此政府需履行再分配调节职能,缩小收入分配差距,同时加强社会保障体系,完善中、西部最低生活保障制度,从根源减小区域间低收入组群的消费差距。其次,在收入提高的同时,中、高收入组群对产品及服务的质量与性能具有更高的要求。区域间不充分的商品市场发展,尤其是高端商品市场发展的不平衡,难以满足中、西部地区这部分居民的消费需求,这将对释放区域消费潜力造成阻碍。完善区域消费刺激相关政策,鼓励支持中、西部区域居民消费,促进区域消费市场发展的公平性,对于在短期内降低区域间居民消费不平等,扩大有效内需具有重要的作用。因此,新时代为了进一步扩大居民消费、推动消费提质增效,需要有效调节收入分配政策,以缩小区域间居民收入水平差距,平衡收入组群的区域分布。在有效释放居民消费潜力的同时,让更多居民分享经济发展的红利。

第5章　收入空间分布不平衡的
消费结构特征

上一章主要就区域收入分布差异的消费不平等特征进行了分析,具体考察了收入分布的"均值差距"与"分配差距"对地区间不同层次居民消费差距的作用机制。伴随着收入增长,居民消费结构实现优化升级,由生存型消费向发展与享受型消费转变。在以需求为导向的市场经济中,居民消费结构升级会通过多种途径对经济增长产生推动作用(俞剑和方福前,2015)。因此,本章将进一步以居民消费结构为切入点,在微观数据基础上从收入分布差异角度对中国城镇居民消费结构区域演变特征差异进行深入研究。

居民消费结构优化,其具体表现为恩格尔系数的下降与人均 GDP 的上升,当人均 GDP 超过 1 000 美元时,居民过渡到消费型生活模式(袁志刚等,2009)。改革开放以来,中国城镇居民消费主要经历了生存型(1978—1983年)、温饱型(1984—1993 年)、小康型(1994—2000 年)及消费型(2001 年至今)四个阶段的演变(苏鹏,2014)。在进入消费型生活模式之后,随着居民消费行为多元化转变,模仿型、排浪式消费阶段基本结束,个性化、多样化消费逐渐成为主流消费模式。从中国城镇居民各项现金消费比重来看(见图5.1)[①],2000 年以来食品、衣着与家庭设备及服务类生存型现金消费支出比率降低,分别由 2000 年的 0.39、0.10 与 0.09 降低到 2013 年的 0.35、0.09 与 0.07。然而,在消费型阶段城镇居民文教娱乐、交通通信与医疗保健现金消费支出比重却并未得到显著提高,其支出比重分别改变了 0.75%、8.25% 与 0.09%,表明中国城镇居民潜在的发展与享受型消费意愿还未完全转化为现实的需求。城镇居民区域消费不平衡是消费升级缓慢的表现。在消费结构优化过程中,地区经济发展不均衡导致的空间效应会对城镇居民消费产生影响(孙敬水和马骊,2009;刘明,2015;魏勇等,2017)。从空间维度来看,城镇居民消费结构由

---

① 本书选择对中国统计年鉴 2000—2013 年的居民现金消费支出进行统计分析,其原因是 2013 年后中国统计年鉴关于居民消费支出的统计口径发生了改变,由"现金消费支出"变为"消费支出",为保证数据统计分析的一致性与严谨性,因此统计性分析与空间实证检验选择中国统计年鉴 2000—2013 年的城镇居民现金消费支出数据。

东部、中部、西部三级分化转变为东部与中、西部两极分化趋势（唐琦等，2018）。由此，分析现阶段城镇居民消费结构区域演变特征及影响因素，既能够反映经济增长中居民消费行为演变的一般规律，又能够为释放居民消费潜力从而推动经济增长转型升级提供依据。

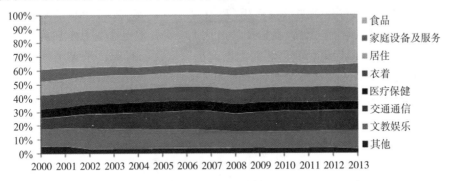

图 5.1　城镇居民各项现金消费支出比重（2000—2013 年）

5.1　城镇居民消费结构空间演变统计性分析

　　从居民消费需求角度来看，居民消费结构的演变主要受收入水平变化与收入分布变化的影响（孙巍和杨程博，2015）。不同区域间城镇居民的收入水平与收入组群分布变迁状态存在差异，也就促使了其消费结构的异质性演变。一方面，收入水平增长诱发的消费需求多样化、差异化转变以及需求层次的提升表现出对消费结构优化升级的拉动效应；另一方面，区域间收入差距与收入组群区域分布不均也会造成消费需求结构的区域差异，这不仅不利于释放城镇居民巨大的消费市场潜力，也不利于促进需求结构升级对供给结构高质量转变的推动作用。

　　根据中国国家统计局提供的中国区域经济统计年鉴数据，本章测算出了各区域城镇居民进入消费型阶段后各项现金消费支出的增长率（见表 5.1）。较城镇居民以往三个阶段（生存型阶段、温饱型阶段、小康型阶段）的消费结构整体同步性演变趋势（袁志刚，2009；姜森和何理，2013），在进入消费型阶段后，城镇居民生存型消费和发展与享受型消费却并未呈现一致性变化规律，表明整体排浪式消费升级模式已经结束，而多样化升级模式逐步形成。就生存型现金消费累积增速排序而言（见图 5.2），东部与西部地区增速排序依次为衣着、居住、食品和家庭设备及服务，而中部增速排序依次为衣着、食品、居住和家庭设备及服务；而在发展与享受型现金消费增速排序上，各地区增速依次均为交通通信、医疗保健、文教娱乐和其他用品及服务。其中，导致东部与西部城镇居民居住消费支出增速较高的原因可归结为东部与西部地区房地产价格上涨较快。对于无房者而言，房价上涨同时意味着居住成本的增加，在总支出一定的条件下对其他的消费产生"挤出效应"（Ludwig & Slok，2004；李剑和臧旭恒，2015）。而衣着消费与交通通信类产品及服务购买力水平的不断提升，主要源自居民偏好由物质层面需求向更高层次的时尚追求等精神层面需求的转变。三个区域城镇居民各项消费支出增速的排序变化一定程度上反映了其消费结构选择偏好的渐次转移，表明其消费结构逐步合理化。

表 5.1 中国城镇居民各项消费支出增速（%）

生存型消费											
年份	食品			衣着			居住			家庭设备及服务		
	东部	中部	西部	东部	中部	西部	东部	中部	西部	东部	中部	西部
2002	0.10	0.08	0.09	0.59	0.69	0.55	0.21	0.03	0.22	−0.20	−0.07	−0.13
2003	0.05	0.10	0.09	0.07	0.08	0.07	0.14	0.10	0.05	0.08	0.05	0.01
2004	0.11	0.12	0.12	0.08	0.08	0.06	0.05	0.04	0.09	0.02	−0.04	0.06
2005	0.07	0.08	0.06	0.18	0.19	0.11	0.08	0.06	0.08	0.06	0.17	0.05
2006	0.07	0.08	0.02	0.14	0.11	0.14	0.13	0.13	0.10	0.12	0.13	0.07
2007	0.13	0.17	0.18	0.14	0.14	0.18	0.06	0.09	0.05	0.16	0.24	0.14
2008	0.16	0.16	0.16	0.13	0.09	0.11	0.14	0.18	0.13	0.13	0.15	0.16
2009	0.05	0.06	0.05	0.10	0.09	0.12	0.05	0.10	0.07	0.13	0.14	0.13
2010	0.07	0.06	0.08	0.13	0.12	0.11	0.09	0.06	0.10	0.16	0.16	0.15
2011	0.13	0.16	0.14	0.15	0.14	0.17	0.07	0.07	0.07	0.13	0.10	0.15
2012	0.10	0.09	0.11	0.08	0.10	0.10	0.03	0.06	0.08	0.06	0.06	0.11
2013	0.05	0.05	0.06	0.03	0.02	0.01	0.18	0.15	0.22	0.08	0.08	0.10
发展与享受型消费											
年份	交通通信			文教娱乐			医疗保健			其他用品及服务		
	东部	中部	西部	东部	中部	西部	东部	中部	西部	东部	中部	西部
2002	0.29	0.38	0.39	0.29	0.18	0.27	0.29	0.28	0.17	−0.34	−0.29	−0.35
2003	0.21	0.13	0.12	0.04	0.06	0.00	0.10	0.08	0.12	0.13	0.08	0.09
2004	0.16	0.14	0.10	0.11	0.11	0.08	0.11	0.13	0.08	0.11	0.14	0.13
2005	0.24	0.08	0.11	0.06	0.04	0.07	0.12	0.18	0.15	0.17	0.15	0.09
2006	0.16	0.17	0.06	0.11	0.12	0.03	0.04	0.06	−0.02	0.12	0.11	0.05
2007	0.18	0.14	0.12	0.08	0.13	0.05	0.09	0.14	0.14	0.11	0.23	0.17
2008	0.03	0.03	0.03	0.03	−0.03	0.00	0.07	0.19	0.14	0.20	0.08	0.10
2009	0.18	0.21	0.20	0.08	0.07	0.09	0.08	0.10	0.11	0.15	0.12	0.15
2010	0.16	0.22	0.06	0.10	0.13	0.11	0.00	0.01	0.05	0.01	0.10	0.10
2011	0.05	0.13	0.09	0.13	0.16	0.09	0.14	0.14	0.14	0.21	0.11	0.11
2012	0.14	0.13	0.19	0.09	0.14	0.09	0.07	0.16	0.12	0.12	0.12	0.14
2013	0.09	0.17	0.06	0.11	0.17	0.27	0.06	0.04	0.08	0.10	0.06	0.00

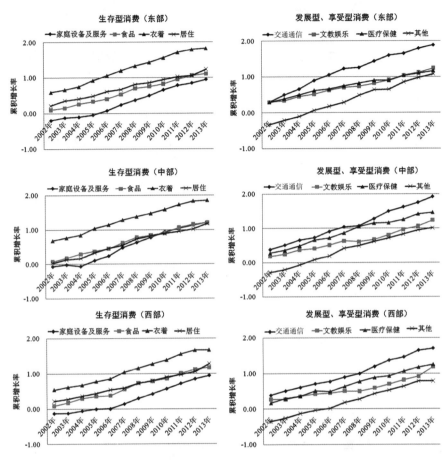

图 5.2 城镇居民现金支出消费累积增长率

对比来看,2001—2013 年东部城镇居民生存型消费比重明显低于中、西部地区(见图 5.3),而发展型、享受型消费比重则高于中、西部地区(见图 5.4),意味着东部地区城镇居民消费结构优化升级速度更快,居民消费水平较高,消费结构更为合理。就生存型消费与发展型、享受型消费比重发展趋势而言,能够发现其趋势体现为两个阶段的变化特征。第一个阶段为 2001—2007 年,东部城镇居民生存型消费比重逐步下降,发展与享受型消费比重平缓上升;而中、西部城镇居民生存型消费比重逐步上升,发展与享受型消费比重缓慢下降。第二个阶段为 2008—2013 年,三个区域生存型消费比重均平缓下降,发展型、享受型消费比重均缓慢上升。从两个阶段的区域差异变化趋势可以发现,东部与中、西部城镇居民间消费结构的差异从异质性的消费偏好演变为消费需求量的差距。在第二个阶段,尽管居民消费结构由生存型向发展与享受型转变,但中、西部居民发展与享受型消费支出比重依旧低于东部居民(见图 5.5)。各区域居民生存型消费比重与发展型、享受型消费比重的变化,既反映了消费热点渐次变迁的趋势,又体现了居民消费结构转变的区域性特征。在居民消费结构存在区域差异的现实背景下,优化中、西部地区的居民消费结构对推动居民整体消费结构升级具有重要的意义。

如何进一步推动居民消费结构优化升级,如何在消费需求转变下解决人们日益增长的美好生活需要与不适应的供给结构间的矛盾,成为中国当前经济转型中的难题。根据以往的研究,中国城镇居民消费具有空间相关性与消费空间集聚特征,城镇居民消费示范效应明显(孙爱军,2010;刘明,2015)。由此,接下来本章首先将对城镇居民消费结构转变的空间效应进行分析,并在收入分布差异基础上研究其对不同区域家庭个体消费结构选择的影响,借以寻求解决上述难题的答案。

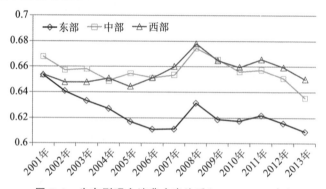

图 5.3　生存型现金消费支出比重(2001—2013 年)

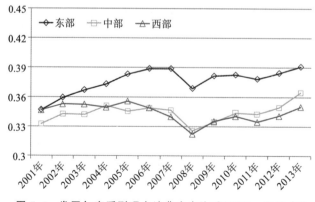

图 5.4　发展与享受型现金消费支出比重(2001—2013 年)

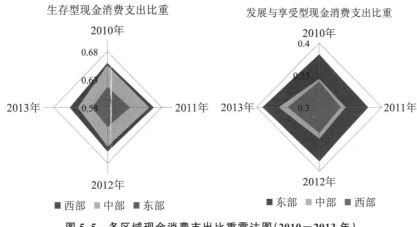

图 5.5　各区域现金消费支出比重雷达图(2010—2013 年)

5.2　收入与消费结构优化关系的空间计量检验

5.2.1　城镇居民消费结构空间相关性分析

(1)空间权重矩阵的设定

在进行空间计量模型估计之前,首先要对其空间权重矩阵进行设定与选择。对于 n 个空间单元,空间权重矩阵 W_n 将各空间单元之间相邻关系以 $n \times n$ 维的矩阵形式引入空间计量分析之中,其元素 w_{ij} 代表空间单元 i 和空间单元 j 的空间相邻关系。现常用的空间权重矩阵主要有两类:考虑地理距离的矩阵与考虑非地理距离的矩阵。

关于地理距离空间权重矩阵的设定主要根据其地理位置是否相邻或地理距离而判定,即 0-1 矩阵与地理距离矩阵。其中,0-1 矩阵根据空间单元是否有共同边界或顶点来进行构建,其空间矩阵中元素 w_{ij} 具体形式为

$$w_{ij} = \begin{cases} 0 & \text{若空间单元 } i \text{ 与空间单元 } j \text{ 不相邻} \\ 1 & \text{若空间单元 } i \text{ 与空间单元 } j \text{ 相邻} \end{cases} \tag{5.1}$$

空间单元间的地理距离取决于其区域行政中心所在地的位置,一般根据该区域的经度与维度进行测算,可以用直线欧式距离表示。地理距离空间权重矩阵则是先根据其地理距离设定一门限值 D,若空间单元间的地理距离小于门限值 D,w_{ij} 取其距离平方的倒数;若空间单元间的地理距离大于门限值

D,则 w_{ij} 为 0(Paas & Schlitte,2006)。此矩阵设定的优点在于既能够反映空间单元的地理距离,又能够在一定程度上反映客观的社会与经济事实。其具体形式可表达为

$$w_{ij} = \begin{cases} \dfrac{1}{d_{ij}^2} & \text{若距离 } d_{ij} \leqslant D \\ 0 & \text{若距离 } d_{ij} > D \end{cases} \tag{5.2}$$

关于非地理距离空间矩阵的设定,多数研究以采用经济距离判断为主。根据 Fingleton 和 Gallo(2008)的研究,经济水平越相似的地区其空间关联度越强。通常取地区间人力资本量、外商投资额或总量 GDP 等经济指标的绝对差的倒数来进行构建,即 $w_{ij} = 1/\lvert \bar{Q}_i - \bar{Q}_j \rvert$。可以发现,地区间经济变量数值越接近,其关联性越强。但是经济发展相对速度的变化会导致其经济距离动态变化,继而对其空间效应的分析产生干扰。因此,根据中国统计局关于经济区域的划分,本章选取地理距离空间权重矩阵进行对居民空间消费结构的研究。

(2)全局空间自相关分析

在实证分析之前,需要对变量进行空间相关性检验,能够在一定程度上避免回归偏误的问题(Anselin,1988)。对此利用全局空间自相关指标(Moran's I)对主要解释变量居民人均可支配收入和被解释变量居民生存型消费与发展型、享受型消费进行空间相关性检验。Moran's I 指数的计算公式如式(5.3)所示:

$$I = \frac{\displaystyle\sum_{i=1}^{n}\sum_{j=1}^{n} w_{ij}(X_i - \bar{X})(X_j - \bar{X})}{S^2 \displaystyle\sum_{i=1}^{n}\sum_{j=1}^{n} w_{ij}} \tag{5.3}$$

在式(5.3)中,$S^2 = \dfrac{1}{n}\displaystyle\sum_{i=1}^{n}(X_i - \bar{X})^2$,$\bar{X} = \dfrac{1}{n}\displaystyle\sum_{i=1}^{n} X_i$,$X_i$ 代表第 i 个地区的观测值,w_{ij} 为空间权重矩阵中第 i 行第 j 列的元素。I 的取值范围为 -1 到 1 之间。若 I 的取值接近 1,表示地区间观测值的空间正相关性越强;若 I 的取值接近 -1,表示地区间观测值的空间负相关性越强;若 I 的取值接近于 0,则表明地区间观测值不存在空间相关性。在分析过程中,通过构建 Z 统计量进行显著性检验,经标准化后 $Z = \dfrac{I - E(I)}{\sqrt{\text{Var}(I)}}$。$E(I)$ 为 Moran's I 指数的期望,$\text{Var}(I)$ 为 Moran's I 指数的方差。根据给定的显著性水平,若 Moran's I 指数为正且通过显著性检验,则相邻空间单元具有相似的属性;若 Moran's I 指数为负且通过显著性检验,则相邻空间单元具有差异的属性。

表 5.2　城镇居民收入、生存型消费及发展与享受型消费的 Moran's I 指数

年份	人均可支配收入	生存型消费	发展与享受型消费	年份	收入	生存型消费	发展与享受型消费
2003	0.368 (3.690)	0.250 (2.632)	0.163 (1.894)	2009	0.465 (4.412)	0.317 (3.339)	0.337 (3.378)
2004	0.367 (3.754)	0.226 (2.225)	0.184 (1.841)	2010	0.476 (4.732)	0.290 (2.909)	0.314 (3.343)
2005	0.403 (3.749)	0.285 (2.848)	0.217 (2.179)	2011	0.473 (4.692)	0.307 (3.203)	0.352 (3.456)
2006	0.431 (4.238)	0.344 (3.380)	0.266 (2.748)	2012	0.469 (4.447)	0.271 (2.784)	0.332 (3.307)
2007	0.451 (4.635)	0.334 (3.384)	0.303 (3.061)	2013	0.463 (4.573)	0.266 (2.744)	0.336 (3.277)
2008	0.460 (4.388)	0.329 (3.280)	0.337 (3.481)				

注:数据根据《中国统计年鉴》整理而得,括号内为 Z 值。

2003—2013 年中国 31 个省(区、市)城镇居民的人均可支配收入、生存型消费以及发展与享受型消费的 Moran's I 指数如表 5.2 所示。通过检验结果可以发现,城镇居民人均可支配收入、生存型消费与发展型、享受型消费的 Moran's I 指数均为正且各年度检验结果均在 10% 水平内显著,表现出显著的空间相关性。生存型消费和发展与享受型消费具有相似的演变趋势,2003—2008 年间其 Moran's I 指数均上升,分别从 2003 年的 0.250 与 0.163 增长到 2008 年的 0.329 与 0.337,表明这期间各省(区、市)城镇居民消费的互相影响不断加强;2009—2013 年,不同类型消费的 Moran's I 指数出现回落,但仍具有较强的空间相关性。城镇居民人均可支配收入空间集聚性强于消费,其 Moran's I 指数呈现出类似于消费 Moran's I 值的趋势变化特征,2010 年之前表现出上升趋势,而在 2010 年之后则缓慢回落。能够发现,无论是城镇居民收入还是消费均存在显著空间集聚特征。

5.2.2　空间杜宾模型的构建与数据处理

(1)空间杜宾模型的构建

空间计量理论认为,几乎所有的空间数据都具有时间、空间与时空特性,即"空间效应",其具体体现为空间依赖性与空间异质性(Anselin,1988)。空间依赖性代表某观测值与其他观测值间具有稳定的函数关系，其往往由于测算误差引起的空间误差依赖与空间单元交互作用引起的空间滞后依赖而产生。空间异质性则指某地区的观测值与其他地区的观测值存在结构不稳定关系，其参数估计值随不同数据观测值的空间位置差异而波动。在具体运用空间模型时，空间异质性可以转化为空间误差依赖或空间杜宾模型形式（LeSage & Pace，2009）。因此，空间计量模型较传统的计量模型在空间交互作用处理上表现得更为优越。

从空间模型对比来看，空间计量模型主要分为空间自回归模型（SAR）与空间误差模型（SEM），前者主要考察某一空间经济行为通过空间传导对其他空间经济行为产生溢出效应影响，而后者则认为空间相互作用是由随机冲击导致的，其主要研究空间关联地区通过被解释变量误差冲击对本地区的影响。在此基础上，LeSage 和 Pace（2009）提出了兼具两种空间模型优点的空间杜宾模型（SDM），既能够同时引入被解释变量与解释变量的空间滞后项，又能够解决遗漏变量的问题，可以更为有效地处理空间异质性与不确定问题。考虑本章中被解释变量与解释变量的空间相关性，被解释变量的时间相关性，空间杜宾模型（SDM）的具体形式如式（5.4）所示：

$$\begin{cases} Y_t^i = \tau Y_{t-1}^i + \delta \boldsymbol{W}_n Y_t^i + X_t \beta_1 + \boldsymbol{W}_n X_t \beta_2 + \boldsymbol{Z}_t \gamma + c + u_{it} \\ u_{it} = \lambda \mathrm{W} u + v_{it} \end{cases} \tag{5.4}$$

其中，$\boldsymbol{W}_n$ 为 $n \times n$ 维空间权重矩阵，在使用时需要对其进行标准化处理，使得标准化后的空间矩阵每行之和为 1；Y_t^i 为各地区在 t 时期的被解释变量，Y_{t-1}^i 为被解释变量的时间滞后项，$\boldsymbol{W}_n Y_t^i$ 为被解释变量的空间滞后项；X_t 为各地区在 t 时期的解释变量，$\boldsymbol{W}_n X_t$ 为解释变量的空间滞后项；$\boldsymbol{Z}_t$ 为 $n \times k$ 维控制变量矩阵；c 为 $n \times 1$ 维个体固定效应项，u_{it} 与 v_{it} 为随机扰动项，$\mathrm{W}u$ 为扰动项交互效应，$v_{it} \sim N(0, \sigma^2 I_n)$。当 $\tau = 0$ 时，式（5.4）为静态空间面板数据模型；当 $\lambda = 0$ 时，该模型为空间杜宾模型（SDM）；当 $\lambda = 0$ 且 $\beta_2 = 0$ 时，此模型转换为空间自回归模型（SAR）；当 $\tau = \delta = 0$ 且 $\beta_2 = 0$ 时，模型（5.4）转换为空间误差模型（SEM）。空间自回归模型（SAR）与空间误差模型（SEM）均可视为空间杜宾模型（SDM）的特殊形式（Vega & Elhorst，2015）。

由于其空间具有关联性，某一地区中解释变量的变动不仅会对同一空间中的被解释变量产生影响，即产生直接效应作用；而且会影响其空间关联地区的被解释变量，即产生间接效应作用（LeSage & Pace，2009；Elhorst，2010）。直接效应与间接效应均能通过式（5.4）被解释变量对解释变量求偏导得到（Elhorst，2014），其具体表达形式为

$$\left[\frac{\partial E(Y_t^i)}{\partial x_t}, \cdots, \frac{\partial E(Y_t^i)}{\partial x_t}\right] = \begin{pmatrix} \dfrac{\partial E(Y_{1t}^i)}{\partial x_{1t}} & \cdots & \dfrac{\partial E(Y_{1t}^i)}{\partial x_{nt}} \\ \vdots & \ddots & \vdots \\ \dfrac{\partial E(Y_{nt}^i)}{\partial x_{1t}} & \cdots & \dfrac{\partial E(Y_{nt}^i)}{\partial x_{nt}} \end{pmatrix}$$

$$= (\boldsymbol{I}_n - \delta \boldsymbol{W}_n)^{-1} [\beta_1 \boldsymbol{I}_n + \beta_2 \boldsymbol{W}_n] \qquad (5.5)$$

$$\left[\frac{\partial E(Y_t^i)}{\partial z_{t,k}}, \cdots, \frac{\partial E(Y_t^i)}{\partial z_{t,k}}\right] = \begin{pmatrix} \dfrac{\partial E(Y_{1t}^i)}{\partial z_{1t,k}} & \cdots & \dfrac{\partial E(Y_{1t}^i)}{\partial z_{nt,k}} \\ \vdots & \ddots & \vdots \\ \dfrac{\partial E(Y_{nt}^i)}{\partial z_{1t,k}} & \cdots & \dfrac{\partial E(Y_{nt}^i)}{\partial x_{nt,k}} \end{pmatrix}$$

$$= (\boldsymbol{I}_n - \delta \boldsymbol{W}_n)^{-1} \gamma_k \qquad (5.6)$$

由式(5.5)与(5.6)可知,偏导数矩阵中对角线元素能够反映解释变量对同地区被解释变量的直接效应,非对角线上的元素则是反映了解释变量对空间关联地区被解释变量的间接效应。异质个体的直接效应与间接效应各不相同,且其效应大小与时间 t 无关;若 $\beta_2 = 0$,其效应比值与 β_1 无关。若模型转换为空间误差模型(SEM),则只存在直接效应影响,而不存在间接效应影响。

鉴于上述模型基础,参照魏勇等(2017)的做法建立动态空间杜宾模型如式(5.7)所示:

$$C_t^i = \beta_0 \boldsymbol{W}_n C_{t-1}^i + X_t \beta_1 + \boldsymbol{W}_n X_t \beta_2 + \boldsymbol{Z}_t \gamma + c + v_{it} \qquad (5.7)$$

其中,C_t^i 为各地区在 t 时期的生存型消费或发展型、享受型消费,$\boldsymbol{W}_n C_{t-1}^i$ 为区域生存型消费或发展与享受型消费的时空滞后项;X_t 为各地区在时期的人均收入,$\boldsymbol{W}_n X_t$ 为人均收入的空间滞后项;$\boldsymbol{Z}_t$ 为 $n \times k$ 维控制变量矩阵,其具体包含收入结构指数、居民社会保障支出、政府社会保障支出与价格指数;c 为 $n \times 1$ 维个体固定效应项,v_{it} 为随机扰动项且 $v_{it} \sim N(0, \sigma^2 \boldsymbol{I}_n)$。在进行分析时,本章选择对生产型和发展与享受型消费,以及人均可支配收入、居民社会保障支出、政府社会保障支出分别进行对数化处理。

(2)数据处理

本章研究中采用的原始数据主要来自《中国统计年鉴》,由于解释变量中政府社会保障性支出从 2003 年开始进行分地区统计,因此选取中国 31 个省、自治区与直辖市(港、澳、台除外)2003－2013 年的面板数据作为样本进行分析。

表 5.3 面板数据变量描述性统计

变量	均值	中位数	标准差	最小值	最大值	样本数
居民人均生存型消费(元)	7 043.01	6 675.51	2 645.37	3 176.92	16 408.51	341
居民人均发展与享受型消费(元)	4 017.98	3 512.48	1 928.22	1 522.81	11 746.49	341
居民人均可支配收入(元)	15 528.47	14 128.76	6 981.603	6 530.48	43 851.36	341
收入结构指数(%)	0.35	0.36	0.07	0.02	0.48	341
居民社会保障支出(元)	1 239.90	1 135.33	560.05	493.83	3 655.89	341
政府社会保障支出(亿元)	206.64	154.37	183.41	3.64	833.51	341
价格指数	116.19	115.90	11.87	98.50	149.20	341

在 Feldstein(1976)提出的扩展生命周期理论基础上,结合魏勇等(2017)对中国居民消费升级问题的研究,分别选取城镇居民人均生存型消费和人均发展与享受型消费作为被解释变量,城镇居民人均可支配收入、收入结构指数、居民社会保障支出、政府社会保障支出与价格指数作为解释变量。在被解释变量中,生存型消费主要包括城镇居民食品、衣着、居住与家庭设备及服务类消费支出;发展与享受型消费主要包括交通通信、文教娱乐、医疗保健与其他杂项类消费支出。现有文献表明影响中国居民消费最重要的原因是其收入变化(方福前和张艳丽,2011;陈斌开,2012;王宋涛和吴超林,2013;李江一和李涵,2016),因此在解释变量中,本章选取城镇居民人均可支配收入作为主要解释变量,选取收入结构指数、居民社会保障支出、政府社会保障支出与价格指数作为控制变量。控制变量中,收入结构指数为居民非工资性收入占其可支配收入的比例;居民社会保障支出代表其个人用于缴纳的社会保险费用的支出,约为工资基数的11%;政府社会保障支出为中央与地方政府用于社会保障的财政支出;价格指数是以2003年为基期,进行时间上与空间上的平减所得。主要变量的描述性统计如表5.3所示,变量的均值、中位数、标准差及取值范围与以往研究相符合。

5.2.3　收入与消费结构关系的空间计量估计结果

表 5.4 给出了根据上一部分构建的动态空间杜宾模型[见式(5.7)]并采用纠偏极大似然估计方法(Yu et al.,2008)得到中国城镇居民生存型消费和发展与享受型消费检验结果估计值,并利用无固定效应的混合面板模型(POLS)回归结果进行对比。为了确定空间杜宾模型(SDM)是否为最优选择,分别进行 Wald 检验和 LR 检验以判断空间杜宾模型(SDM)是否能够简化为空间自回归模型(SAR)或空间误差模型(SEM)。表 5.4 的检验结果显示两者均在 1% 水平上拒绝原假设,表明空间杜宾模型(SDM)为最优选择。同时 Hausman 检验结果均显示应选择固定效应模型。

表 5.4　城镇居民生存型消费与发展型、享受型消费估计结果

变量	生存型消费			发展与享受型消费		
	混合模型	动态空间杜宾模型		混合模型	动态空间杜宾模型	
		固定效应	随机效应		固定效应	随机效应
被解释变量 时空滞后项		0.318*** (5.326)			0.170*** (3.749)	
城镇居民人均 可支配收入	1.075*** (13.513)	1.166*** (7.943)	1.129*** (7.576)	0.598*** (2.976)	0.661*** (3.145)	0.548*** (2.815)
收入结构 指数	−0.619*** (−5.639)	−0.696*** (−3.363)	−0.577*** (−2.803)	1.478*** (4.509)	0.389 (1.331)	0.458* (1.684)
居民社会 保障支出	−0.232*** (−3.209)	−0.316** (−2.313)	−0.240* (−1.734)	0.705*** (3.860)	0.876*** (4.489)	0.825*** (4.567)
政府社会 保障支出	−0.003 (−0.606)	−0.003 (−0.326)	−0.001 (−0.120)	0.034*** (4.673)	−0.012 (−0.863)	−0.004 (−0.300)
价格指数	0.002*** (3.421)	0.002* (1.694)	0.002 (1.383)	0.006*** (3.966)	0.003** (2.444)	0.006*** (3.500)
截距项	−0.073 (−0.408)			−0.619** (−2.199)		
σ^2		0.002	0.002		0.003	0.003
R^2	0.974	0.892	0.968	0.965	0.887	0.969
Log-likelihood	502.176	739.572	670.882	404.731	618.122	555.815
Wald Test Spatial Lag		53.527***	40.868***		64.149***	46.675***

（续表）

变量	生存型消费			发展与享受型消费		
	混合模型	动态空间杜宾模型		混合模型	动态空间杜宾模型	
		固定效应	随机效应		固定效应	随机效应
LR Test Spatial Lag		45.566***			57.480***	
Wald Test Spatial Error		30.873***	18.759***		65.967***	41.236***
LR Test Spatial Error		30.106***			56.058***	
Hausman Test		23.930**			45.408***	

注：***、**和*分别表示在1%、5%和10%的水平下显著，括号里为 t 值。

由表 5.4 结果可知，中国城镇居民生存型消费和发展与享受型消费具有显著的空间依赖特征。首先，生存型消费的时空滞后项和发展与享受型消费的时空滞后性均显著为正，表明一个地区的城镇居民消费对其他相邻地区城镇居民消费具有明显的空间示范效应。其次，通过解释变量的回归系数可以发现，城镇居民人均可支配收入、收入结构指数与居民社会保障支出是影响城镇居民消费结构的重要因素。在对生存型消费和发展与享受型消费的动态空间杜宾模型固定效应回归估计中，城镇居民人均可支配收入的系数分别为 1.166 与 0.661，表明当城镇居民收入提高 1% 时，生存型消费支出和发展与享受型消费支出将分别增长 1.166% 与 0.661%。不难看出，在进入消费型阶段后，中国城镇居民收入提高后会先满足对生存型消费的需求，生存型消费需求优先于发展与享受型消费需求。就收入结构的影响而言，非工资性收入占比的提高能够在一定程度上减少生存型消费的支出，表明经营性、财产性与转移性收入的增长放宽了消费预算约束，继而有利于发展与享受型消费支出。居民社会性保障支出对生存型消费与发展型、享受型消费的作用方向不一致，其动态空间杜宾模型固定效应估计结果表明当居民社会保障支出提高 1%，生存型消费支出减少 0.316%，发展与享受型消费支出增长 0.876%，侧面表明城镇居民工资性收入的提升同样有助于促进其消费结构优化升级。

为了进一步探讨上述动态空间杜宾模型回归结果中所包含的交互信息，将空间总效应进行了"直接效应"和"间接效应"（空间溢出效应）分解，其结果如表 5.5 所示。首先，"直接效应"系数结果显示本地城镇居民可支配收入与居民社会保障支出对本地生存型消费和发展与享受型消费均产生影响。城镇居民可支配收入对本地生存型消费影响更为显著，而居民社会保障支出对本地发展与享受型消费作用程度更高。回归结果中部分"直接效应"系数估计结果大于动态空间杜宾模型系数估计结果,进一步表明其估计结果存在"反馈效应",即本地区作用于相邻地区后又传回本地区的结果(张可云和杨孟禹,2016)。其次,"间接效应"作用结果中,城镇居民可支配收入与居民社会保障支出对生存型消费和发展与享受型消费溢出影响均显著为正且相邻地区生存型消费更受本地可支配收入的影响,而相邻地区发展型享受型消费更易受本地居民社会保障支出的影响。说明本地城镇居民收入水平的提高不仅对本地居民消费起到促进作用,同样有利于邻近地区居民消费的扩张。再次,无论是"直接效应"还是"间接效应"估计结果,均显示收入结构指数与政府社会保障支出只对城镇居民生存型消费产生影响。以上结果反映了相比非工资性收入,现阶段中国城镇居民工资性收入对其消费结构升级作用更大。同时,当前政府社会保障制度有利于保障城镇居民的基本生活需要,然而并不能对消费结构优化起到促进作用。

表 5.5　直接效应与间接效应估计结果

变量	生存型消费			发展与享受型消费		
	直接效应	间接效应	总效应	直接效应	间接效应	总效应
城镇居民	1.214***	0.959**	2.173***	0.665***	0.133**	0.798***
人均可支配收入	(7.977)	(2.226)	(4.363)	(3.203)	(2.298)	(3.194)
收入结构	−0.807***	−2.038***	−2.846***	0.389	0.079	0.468
指数	(−3.748)	(−3.325)	(−3.971)	(1.304)	(1.173)	(1.301)
居民社会	−0.389**	−1.362***	−1.751***	0.881***	0.178**	1.060***
保障支出	(−2.722)	(−3.201)	(−3.554)	(4.477)	(2.548)	(4.319)
政府社会	−0.012	−0.131***	−0.143***	−0.013	−0.002	−0.015
保障支出	(−1.055)	(−4.036)	(−3.850)	(−0.883)	(−0.806)	(−0.880)
价格指数	0.002	−0.001	0.002	0.003**	0.001*	0.004**
	(1.689)	(−0.015)	(0.956)	(2.508)	(1.878)	(2.468)

注:***、**和*分别表示在1%、5%和10%的水平下显著,括号里为t值。

伴随着经济发展,居民收入得到提升,然而地区经济不平衡、不充分发展与居民美好生活需要的矛盾依旧突出。与东部地区相比,无论是居民收入水平还是消费结构升级状况,中、西部地区依然存在一定差距。受对外开放政策与非均衡市场化发展的影响,东部市场化发展水平较高,经济发展增速较快,从而引致了居民收入东部较高、中西部较低的动态演化趋势。大量实证表明居民收入是影响其消费需求最根本的原因。与之相应的是城镇居民消费结构呈现地区差异,东部与中西部相比,其城镇居民消费结构更加合理化。为此,本章按照中国统计年鉴经济区域划分将样本分为东、中、西三组子样本进行对比分析,结果如表5.6所示。

表 5.6 地区分组估计结果

变量	生存型消费			发展与享受型消费		
	东部（RE）	中部（FE）	西部（RE）	东部（RE）	中部（FE）	西部（RE）
被解释变量时空滞后项		−0.236***（−2.870）			−0.236***（2.733）	
城镇居民人均可支配收入	0.815***（6.547）	0.803***（5.598）	1.211***（5.886）	0.865***（4.032）	0.464（1.098）	0.490***（3.048）
收入结构指数	0.128（0.669）	0.001（0.006）	−0.224（−0.823）	0.518（1.625）	1.278**（2.290）	0.535**（2.180）
居民社会保障支出	−0.036（−0.314）	0.111（1.057）	−0.018（−0.093）	−0.016（−0.079）	1.188***（3.587）	0.660***（4.434）
政府社会保障支出	0.011（0.909）	0.036**（2.010）	0.064***（3.825）	0.028*（1.849）	0.050（1.179）	0.006（0.395）
价格指数	0.003（1.110）	0.005*（1.836）	0.003**（2.481）	0.004*（1.708）	−0.009（−1.537）	0.008**（1.987）
R^2	0.88	0.89	0.91	0.90	0.89	0.88
Wald Test Spatial Lag	31.058***	39.242***	39.106***	12.366**	29.648***	14.643**
Wald Test Spatial Error	26.010***	46.826***	31.743***	13.163**	24.612***	24.382***
Hausman Test	8.960	25.158***	4.504	7.719	85.243***	8.880

注:***、**和*分别表示在1%、5%和10%的水平下显著,括号里为t值。

首先,同样根据空间杜宾模型[见式(5.7)]分别对三个区域样本进行空间计量分析。无论是生存型消费还是发展与享受型消费,东、中、西地区的Wald检验结果均显示在1%或5%水平上拒绝原假设,均支持空间杜宾模型(SDM)为最优选择。同时根据Hausman检验结果,东部样本与西部样本选择随机效应估计结果,而中部样本支持固定效应估计结果。就分区域的估计结果而言,收入对消费结构的影响存在明显的区域差异。其中,东部生存型消费估计系数为 0.815,发展与享受型消费估计系数为 0.865,表示当东部城镇居民人均可支配收入提高 1‰时,能够分别提高其生存型消费和发展与享受型消费 0.815％与 0.865％。其他因素中,政府社会保障支出与价格指数只对发展与享受型消费具有影响。结果表明,进入消费型生活模式之后,伴随收入提高与新型产品市场的完善,东部城镇居民将更倾向于增加更高阶段的交通通信、医疗保健及文教娱乐等消费支出,消费结构优化趋势明显。对于中部与西部城镇居民而言,当其人均可支配收入提高 1‰时,生存型消费将分别提高 0.803％与 1.211％,表明现阶段西部城镇居民对于食品、衣着、家庭设备及服务等产品服务依然具有较强的需求。政府保障性支出对于两个区域居民生存型消费具有显著的正向作用,社会保障制度的完善有利于基本生活需求的保障。而就发展与享受型消费而言,人均可支配收入只对西部城镇居民起到正向作用,对中部城镇居民影响并不显著。这表明中部城镇居民的发展与享受型消费需求并未转变为现实的购买力。一方面,中、西部城镇居民收入水平较低,收入增速较慢情况下会首先满足基本生活需要,而减少对发展与享受型产品及服务的投资。另一方面,尽管网络购买等新购买渠道与便捷的物流拓宽了产品市场的开放程度,但并未使得中、西部区域城镇居民完全获得与东部城镇居民相同的产品质量及服务水平,这也成为其发展与享受型产品购买力水平低的一个原因。

5.3　收入空间分布不平衡与家庭消费结构关系的实证检验

上一节实证分析结果表明消费结构优化存在较强的空间溢出效应,收入水平对东部、中部和西部城镇居民的消费结构升级作用效果具有显著差异。根据以往研究结果,除收入水平之外,居民消费结构同样受到收入分配格局的影响。因此,本节利用中国家庭追踪数据(CFPS)中 2010—2016 年的家庭调查数据结合反事实分解的方法,从微观视角就收入分布差异对区域间家庭消费结构差异的作用机理进行分析,进一步探讨城镇居民消费结构优化出现区域差异的原因。

5.3.1　改进的 ELES 理论模型构建

目前,在对居民消费结构的研究中一般常用的方法是构建基于恩格尔曲线的需求系统模型(谭涛等,2014)。其中,最为常用的是在线性支出系统模型

(LES)(Stone,1954)基础上所衍生的扩展线性支出系统模型(ELES)(Liuch, 1973)与 Deaton 和 Muellbauer(1980)提出的几乎理想需求系统模型(AIDS)。基于 AIDS 模型，又衍生出了线性化的 LA/AIDS 模型与允许消费份额非线性二次变化的 QUAIDS 模型(Banks et al.，1997)等。在假设消费者满足理性假设条件下，ELES 模型是基于预算约束条件根据效用最大化原则对马歇尔函数进行求解，而 AIDS 模型则是在一定的效用水平及给定价格条件下运用希克斯需求函数求得最小的支出。对比来看，尽管通过 AIDS 及其衍生模型能够直接得到居民各项商品及服务消费份额的比例，但需要将价格水平变化考虑其中。而 ELES 的优势在于进行参数估计时无需价格相关信息(臧旭恒和孙文祥，2004)，能够利用截面数据分析消费结构的变化。本章中，拟对 ELES 模型进行拓展，以此分析收入分布差异对不同区域家庭消费结构的影响。

首先，根据各区域城镇居民支出统计数据将消费支出分为生存型消费支出和发展与享受型消费支出。此时，可建立城镇居民 ELES 模型：

$$V_{ij,t} = p_{ij,t}q_{ij,t} + \beta_{ij,t}(X_{ij,t} - V_{ij,t}^0) \tag{5.8}$$

其中，假设 $j = \begin{cases} 0, & \text{对照组区域} \\ 1, & \text{比对组区域} \end{cases}$，本章中同样设定东部为对照组区域，中、西部分别作为比对组区域，同时将各区域家庭按照区域内收入等级分为 6 组，即 $i=1,2,\cdots,6$。$V_{ij,t}$ 为 t 时期 j 区域第 i 组收入城镇居民家庭人均生存型消费或人均发展与享受型消费支出，$V_{ij,t}^0$ 为 t 时期 j 区域第 i 组收入城镇居民家庭人均基本需求支出；$X_{ij,t}$ 为 t 时期 j 区域第 i 组收入城镇居民家庭人均可支配收入，$\beta_{ij,t}$ 为其家庭生存型消费项目或发展与享受型项目的边际消费倾向，$p_{ij,t}$ 和 $q_{ij,t}$ 分别代表生存型消费项目或发展与享受型消费项目价格与基本需求量。此时，t 时期基本型消费项目或发展与享受型消费项目等于此时期这类商品及服务基本消费支出与边际消费支出之和。在固定时期 T，可将 $p_{ij,t}q_{ij,t}$ 视为常数，此时式(5.8)可转换为计量形式：$V_{ij,t=T} = \beta_{0ij} + \beta_{ij}X_{ij,t=T} + \varepsilon_{ij}$，$\beta_{0ij}$、$\beta_{ij}$ 分别为待估参数，$\beta_{0ij} = p_{ij}q_{ij} - \beta_{ij}\sum p_{ij}q_{ij}$，$\varepsilon_{ij}$ 为残差项。根据效用最大化原则可求解马歇尔需求函数对公式进行估计。对上述公式进行加总，可得：

$$\sum p_{ij}q_{ij} = \frac{\sum \beta_{0ij}}{1 - \sum \beta_{ij}} \tag{5.9}$$

将式(5.9)代入式(5.8)可以得到生存型消费或发展与享受型消费基本需求如式(5.10)所示。

$$p_{ij}q_{ij} = \beta_{0ij} + \beta_{ij}\left[\frac{\sum\beta_{0ij}}{(1-\sum\beta_{ij})}\right] \tag{5.10}$$

其次,在对区域间不同收入组群城镇居民家庭的消费结构差异进行分析时,需要考虑其收入变量的差距,既包含收入均值水平的差距,也包含收入分布结构状态的差异。在之前的分析中,根据 Jenkins 和 Van Kerm(2005)对收入分布函数的研究,即当收入服从 $X_{ij} \sim F(\mu_{ij}, \sigma_{ij})$ 时,可将对照区域与比对区域间的收入分布差异进行了反事实拟合,即

$$X'_{i\zeta_1} = X_{i1} + (\mu_{i0} - \mu_{i1}) \tag{5.11}$$

$$X'_{i\zeta_2} = \mu_{i0} + \frac{\sigma_{i0}}{\sigma_{i1}}(X_{i1} - \mu_{i1}) \tag{5.12}$$

此时,两种反事实分布条件下的消费结构分别为 $V_{i\zeta_1}$ 与 $V_{i\zeta_2}$。当效用最大化时,剔除空间与时间价格弹性的影响,T 时期区域间不同收入组群城镇家庭消费结构的差异可归结为各区域不同的收入分布形态作用的结果,即视为收入分布的均值水平差距、离散程度差距与异质程度差距引发的结果,满足:

①均值水平差距:$\Delta V_i^1 = V_{i0} - V_{i\zeta_1}$

②离散程度差距:$\Delta V_i^2 = V_{i\zeta_1} - V_{i\zeta_2}$

③异质程度差距:$\Delta V_i^3 = V_{i\zeta_2} - V_{i1}$

总消费结构差异为三者之和,分别代表收入均值水平差距的影响与收入分配格局差距的影响。

5.3.2　数据来源及描述性统计

本小节所采用的数据同样来自中国家庭动态跟踪调查数据(CFPS),该数据能够充分反映社会经济变迁中家庭个体行为的变化。基于本章具体需要,排除异常值与缺失值之后得到 2010 年与 2016 年城镇家庭收入与消费数据。之后,将不同类型家庭消费进行生存型消费和发展与享受型消费分类,并以 2010 年价格指数作为基期对 2016 年家庭收入与消费数据做平减处理,具体结果如表 5.7 所示。

表 5.7 给出了 2010－2016 年东、中、西区域城镇居民家庭人均可支配收入与消费结构选择的变化。可以发现,各区域城镇居民家庭收入水平均呈现上升趋势,东、中、西区域分别提升了 56.19%、62.01% 与 69.26%,相对水平差距减少。就消费结构而言,东部城镇家庭生存型消费支出水平降低,从 2010 年的 6 984.27 元降低到 2016 年的 5 571.19 元,降幅达到 20.23%。而中、西部城镇家庭生存型消费支出水平上升,分别上升了 0.58% 与 6.92%。在发展与享受型消费支出方面,各区域城镇家庭消费水平并未有显著的提升。

消费结构的变化反映出收入水平提高时其偏好的改变,同时东部与中、西部城镇居民的偏好出现分化。

表 5.7　主要变量描述性统计　　　　　　(单位:元)

年份	项目	区域	均值	标准差	最小值	最大值	样本数
2010 年	家庭人均 可支配收入	东部	17 991.84	15 136.09	300	96 666.66	2 660
		中部	12 562.35	10 828.51	1 000	83 333.34	1 462
		西部	11 346.92	9 594.80	651.87	75 000	695
	生存型 消费(人均)	东部	6 984.27	5 961.16	120	68 992.56	2 660
		中部	4 769.76	3 720.84	150	39 066.67	1 462
		西部	4 406.05	3 197.85	153.04	25 310	695
	发展与享受型 消费(人均)	东部	3 874.45	4 624.13	110	55 733.33	2 660
		中部	3 241.30	4 061.20	108	50 240	1 462
		西部	2 697.19	2 886.38	107.43	28 000	695
2016 年	家庭人均 可支配收入	东部	28 101.7	18 298.47	2 500	108 000	1 558
		中部	20 352.71	14 367.41	1 111.11	100 000	886
		西部	19 205.26	14 675.58	1 250	100 000	491
	生存型 消费(人均)	东部	5 571.19	5 418.04	150.73	48 796	1 558
		中部	4 797.34	4 987.26	140.99	38 200	886
		西部	4 710.84	4 849.45	113.89	64 900	491
	发展与享受型 消费(人均)	东部	3 683.16	4 327.461	101.25	61 952.5	1 558
		中部	3 282.24	4 010.07	101.11	54 555.55	886
		西部	2 976.15	3 524.51	104.38	31 290	491

5.3.3　收入空间分布不平衡对家庭消费结构的作用结果

　　表 5.8 与表 5.9 分别给出了不同收入分布状态下各收入水平家庭生存型消费和发展与享受型消费需求的变化。就生存型消费需求而言,伴随收入水平提高其变化趋势由第一个观测期的非严格递减转变为第二个观测期的倒"U"形趋势,边际消费倾向最强的收入组群由低收入组群转变为中等或中高收入组群。对比来看,东部的中等收入以上家庭的边际消费倾向下降,而中、西部中等收入以上家庭的边际消费倾向上升。通过其估计结果的变化既能够发现城镇居民对生存型产品及服务的要求向更高质量层次转变,又能够发现其需求具有显著的区域性差异。在收入分布状态改变的条件下,两个观测期内中部与西部城镇

家庭的边际消费倾向均减小。这与之前的检验结果相一致,代表收入分配格局的离散程度增强同样会对生存型消费需求产生抑制作用。

表 5.8　城镇家庭生存型消费需求估计

年份	分布		<10%	10%～25%	25%～50%	50%～75%	75%～90%	>90%
2010 年		东部	0.43***	0.39***	0.32***	0.23***	0.24***	0.21***
			(0.037)	(0.073)	(0.049)	(0.051)	(0.078)	(0.049)
		中部	0.51***	0.33***	0.23***	0.27***	0.21**	0.01**
			(0.076)	(0.097)	(0.074)	(0.075)	(0.094)	(0.055)
		西部	0.48***	0.42***	0.49***	0.26***	0.24**	0.15**
			(0.103)	(0.141)	(0.116)	(0.096)	(0.107)	(0.068)
	反事实1	东部与中部	0.51***	0.33***	0.23***	0.27***	0.21**	0.01**
			(0.076)	(0.097)	(0.074)	(0.075)	(0.094)	(0.055)
		东部与西部	0.48***	0.42***	0.49***	0.26***	0.24**	0.15**
			(0.103)	(0.141)	(0.116)	(0.096)	(0.107)	(0.068)
	反事实2	东部与中部	0.36***	0.24***	0.16***	0.19***	0.15**	0.07*
			(0.054)	(0.069)	(0.053)	(0.054)	(0.067)	(0.039)
		东部与西部	0.30***	0.26***	0.31***	0.16***	0.15**	0.09**
			(0.064)	(0.088)	(0.072)	(0.060)	(0.067)	(0.042)
2016 年		东部	0.10***	0.21***	0.26***	0.18***	0.09*	0.08**
			(0.034)	(0.061)	(0.061)	(0.061)	(0.089)	(0.042)
		中部	0.19***	0.21*	0.25***	0.26***	0.34***	0.13***
			(0.047)	(0.117)	(0.057)	(0.078)	(0.084)	(0.047)
		西部	0.09**	0.28***	0.21**	0.24***	0.43***	0.18**
			(0.040)	(0.079)	(0.066)	(0.076)	(0.157)	(0.089)
	反事实1	东部与中部	0.19***	0.21*	0.25***	0.26***	0.34***	0.13***
			(0.047)	(0.117)	(0.057)	(0.078)	(0.084)	(0.047)
		东部与西部	0.09**	0.28***	0.21**	0.24***	0.43***	0.18**
			(0.040)	(0.079)	(0.066)	(0.076)	(0.157)	(0.089)
	反事实2	东部与中部	0.14***	0.16*	0.18***	0.19***	0.25***	0.10***
			(0.035)	(0.086)	(0.042)	(0.057)	(0.062)	(0.035)
		东部与西部	0.07**	0.21***	0.16***	0.18***	0.32***	0.13*
			(0.030)	(0.060)	(0.050)	(0.058)	(0.119)	(0.068)

表 5.9　城镇家庭发展与享受型消费需求估计

年份	分布		<10%	10%~25%	25%~50%	50%~75%	75%~90%	>90%
	东部		0.50***	0.34***	0.25***	0.12*	0.24***	0.12***
			(0.091)	(0.110)	(0.079)	(0.063)	(0.072)	(0.038)
	中部		0.50***	0.22	0.19*	0.36***	0.16*	0.17**
			(0.126)	(0.223)	(0.067)	(0.092)	(0.086)	(0.072)
	西部		0.38***	0.29	0.12	0.17	0.17	0.11*
			(0.133)	(0.233)	(0.132)	(0.113)	(0.179)	(0.053)
2010 年	反事实 1	东部与中部	0.50***	0.22	0.19*	0.36***	0.16*	0.17**
			(0.126)	(0.223)	(0.067)	(0.092)	(0.086)	(0.072)
		东部与西部	0.38***	0.29	0.12	0.17	0.17	0.11*
			(0.133)	(0.233)	(0.132)	(0.113)	(0.179)	(0.053)
	反事实 2	东部与中部	0.35***	0.15	0.14**	0.26**	0.11*	0.12**
			(0.089)	(0.158)	(0.074)	(0.065)	(0.061)	(0.051)
		东部与西部	0.24***	0.18	0.07	0.10	0.10	0.07*
			(0.083)	(0.145)	(0.082)	(0.070)	(0.111)	(0.033)
	东部		0.31***	0.20**	0.22***	0.23***	0.31*	0.17***
			(0.053)	(0.010)	(0.053)	(0.071)	(0.244)	(0.055)
	中部		0.21**	0.29*	0.32***	0.30***	0.32***	0.12*
			(0.081)	(0.163)	(0.109)	(0.101)	(0.122)	(0.069)
	西部		0.29**	0.06	0.32***	0.20*	0.03	0.11*
			(0.109)	(0.170)	(0.115)	(0.114)	(0.195)	(0.105)
2016 年	反事实 1	东部与中部	0.21**	0.29*	0.32***	0.30***	0.32***	0.12*
			(0.081)	(0.163)	(0.109)	(0.101)	(0.122)	(0.069)
		东部与西部	0.29**	0.06	0.32***	0.20*	0.03	0.11*
			(0.109)	(0.170)	(0.115)	(0.114)	(0.195)	(0.105)
	反事实 2	东部与中部	0.16**	0.21*	0.23***	0.22***	0.24***	0.09*
			(0.060)	(0.120)	(0.080)	(0.074)	(0.090)	(0.051)
		东部与西部	0.21**	0.05	0.24***	0.15*	0.03	0.08*
			(0.082)	(0.129)	(0.087)	(0.086)	(0.148)	(0.079)

对于城镇居民发展与享受型消费来讲,体现出区别于生存型消费需求的变化趋势。两个观测期内,东部城镇家庭的边际消费倾向均强于中、西部地区。时间对比来看,东部中等收入以下家庭的边际消费倾向减小,而中等收入以上家庭的边际消费倾向增大。而中、西部地区多数收入组群的边际消费倾向由不显著向显著转变,同时其中等收入组群体现出了较强的消费需求。根据各区域不同收入组群的需求变化可以发现东部城镇居民对发展与享受型消费需求最强,消费结构优化程度最高。然而受收入水平、分配格局以及产品市场发展等条件的制约,中等收入以下家庭对发展型、享受型产品及服务的购买力水平并未得到提高,在一定程度上不利于东部这部分家庭消费结构的优化。当收入分配格局离散化程度增强时,中、西部城镇居民的边际消费倾向同样减小,即收入分配格局极化趋势同样会削弱发展与享受型消费需求。

通过城镇居民生存型消费需求和发展与享受型消费需求估计的变化能够发现其消费结构从偏好食品、衣着与家庭设备及服务类消费向偏好更高层次的交通通信、医疗保健与文教娱乐类消费转变。然而,在家庭消费结构优化升级的同时,演变方式呈现出区域非均衡特征。区域内收入水平均值的改变不会显著地影响其居民对不同类型消费的需求,而收入分配离散化程度增强对城镇居民不同类型消费均产生抑制作用。

表 5.10、5.11、5.12 与 5.13 分别给出了基于收入分布差异所诱发的区域间家庭消费结构差异结果。以东部城镇家庭为对照组,表 5.10 与 5.11 为不同收入组群的东部城镇家庭与中部城镇家庭间消费结构效应的差异。通过表5.10 能够发现,东部与中部收入均值差距对低收入家庭人均生存型消费需求贡献降低,而对中低收入以上的家庭人均生存型消费需求的贡献增强。从收入分配差异角度来看,离散程度差距对东、中部间中等收入以下家庭人均生存型消费差距的抑制作用减弱,而对中等收入以上家庭人均生存型消费差距的促进作用增强。而随着收入分位点走高,东部与中部间家庭异质程度能够有效减少其生存型消费差距。根据东、中部间收入分布的"均值差距""离散程度"差距及"异质程度"差距对不同收入组群城镇家庭人均生存型消费差距的作用变化,能够发现收入水平差距对于生存型消费需求具有显著的影响。伴随收入分配极化程度的加深,其组群区域分布状况对高收入家庭人均生存型消费作用程度更强。而区域间城镇家庭的异质性同样对中等收入以上家庭作用显著,东部中等收入以上家庭较之中部具有更为成熟稳定的消费习惯与偏好,不同的消费习惯与偏好在一定程度上拉大了其生存型消费差距。

表 5.10　东部与中部城镇家庭人均生存型消费差距

收入分布		消费差距	均值差距效应		分配差距效应			
					离散程度效应		异质程度效应	
2010 年	<10%	382.25	2 588.86	6.77	−1 626.27	−4.25	−580.34	−1.52
	10%~25%	922.44	1 704.12	1.85	−748.91	−0.81	−32.77	−0.04
	25%~50%	1 586.30	1 181.33	0.74	−217.83	−0.14	622.80	0.39
	50%~75%	2 123.45	1 384.27	0.65	360.64	0.17	378.54	0.18
	75%~90%	3 890.26	1 059.63	0.27	974.93	0.25	1 855.70	0.48
	>90%	5 287.55	572.09	0.11	1 270.51	0.24	3 444.95	0.65
2016 年	<10%	326.19	1 558.86	4.78	−938.09	−2.88	−294.58	−0.90
	10%~25%	941.66	1 770.31	1.88	−800.24	−0.85	−28.41	−0.03
	25%~50%	1 444.26	2 064.00	1.43	−502.69	−0.35	−117.05	−0.08
	50%~75%	2 341.70	2 111.62	0.90	166.94	0.07	63.14	0.03
	75%~90%	2 277.78	2 819.36	1.24	1 444.55	0.63	−1 986.14	−0.87
	>90%	959.77	1 214.14	1.27	1 560.98	1.63	−1 815.36	−1.89

表 5.11　东部与中部城镇家庭人均发展与享受型消费差距

收入分布		消费差距	均值差距效应		分配差距效应			
					离散程度效应		异质程度效应	
2010 年	<10%	119.71	2 563.99	21.42	−1 833.07	−15.31	−611.21	−5.11
	10%~25%	88.65	1 139.52	12.85	−654.12	−7.38	−396.76	−4.48
	25%~50%	579.57	971.04	1.68	−374.23	−0.65	−17.25	−0.03
	50%~75%	756.00	1 836.93	2.43	−25.18	−0.03	−1 055.26	−1.40
	75%~90%	1 173.20	812.58	0.69	491.65	0.42	−131.04	−0.11
	>90%	1 297.15	2 618.77	2.02	1 777.98	1.37	−3 099.60	−2.39
2016 年	<10%	530.09	1 857.18	3.50	−1 219.48	−2.30	−107.61	−0.20
	10%~25%	221.88	2 212.12	9.97	−1 115.58	−5.03	−874.66	−3.94
	25%~50%	250.39	2 572.58	10.27	−772.65	−3.09	−1 549.54	−6.19
	50%~75%	707.23	2 515.82	3.56	109.71	0.16	−1 918.29	−2.71
	75%~90%	2 420.28	2 660.06	1.10	1 329.34	0.55	−1 569.13	−0.65
	>90%	3 331.63	1 046.62	0.31	1 503.47	0.45	781.54	0.23

对于东、中部城镇家庭人均发展与享受型消费差距来讲,收入分布差异的

分解指标对其作用呈现出区别于对生存型消费的影响。随着收入分布差异的变化,收入均值水平差距对地区间低收入家庭与高收入家庭的人均发展与享受型消费差距的影响减弱,而对地区间中等收入家庭人均消费差距的影响加强。与之相反的是收入分配差距能够显著地影响低收入与高收入家庭人均发展与享受型消费差距水平,离散程度差距的作用强于异质程度差距的作用。这表明,中等收入家庭作为发展与享受型消费的重要组群,其东部与中部区域间消费差距依然受收入均值水平差距影响。对于低收入家庭而言,由于东部收入分布离散化程度较强,抑制了东部低收入家庭消费,所以区域间的离散程度在一定程度上减弱了这部分组群间交通通信、医疗保健与文教娱乐等消费支出差距。然而随着中部低收入家庭相对比例的提升与中部收入分布曲线平缓程度加强,区域间离散程度对此收入组群家庭间作用减弱。而对于高收入家庭而言,区域间收入水平差距已不构成导致其发展与享受型消费的原因,高端市场的发展及消费偏好对其消费差距影响更为显著。

由此对比收入分布差异对东、中部间家庭消费结构演变差异的影响(见图5.6),收入均值水平差距对消费结构差异具有正向作用,而收入分配格局差距对消费结构差异具有负向作用。相比对生存型消费差距的影响,收入均值差距与分配格局差距均对发展与享受型消费差距正向影响更为显著。表明现阶段东部与中部间城镇家庭消费结构对比中,发展与享受型消费需求差距更容易受到区域间收入分布差异的影响。

表 5.12 与表 5.13 分别检验了东部与西部城镇居民收入分布差异对其生存型消费差距和发展与享受型消费差距的影响。三种分解指标对东、西部城镇居民家庭人均生存型消费差距的作用与对东、中部间差距的作用类似。就生存型消费而言,收入均值水平差距对区域间中高收入以下家庭差距的影响减弱,对中高收入以上家庭差距的影响加强。而收入分配差距同样对其差异具有负向作用,随着家庭收入水平提高,离散程度的贡献由负向转变为正向,代表对中高收入以上家庭该类型消费差距起到拉大作用。从发展与享受型消费角度来看,收入分布差异对东、西部间中等收入家庭影响最为显著,对低收入家庭影响次之,对中高收入家庭影响最小。由于西部高收入城镇家庭相对比例的上升,其高收入组群比例与东部的差距逐渐缩小,这进一步推动着西部发展与享受型高端市场的发展,减少了东、西部区域高收入家庭间此类商品及服务的消费差距。然而对于中等收入与低收入家庭而言,区域间收入水平与分配格局状况依然对其差距具有显著的影响。

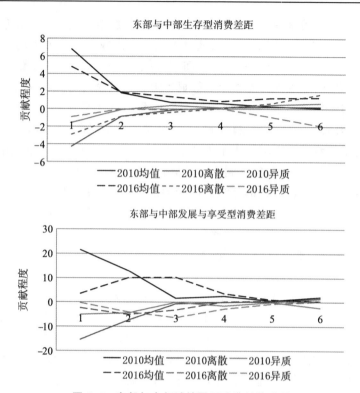

图 5.6　东部与中部城镇居民消费结构差异

表 5.12　东部与西部城镇家庭人均生存型消费差距

收入分布		消费差距	均值差距效应	分配差距效应			
				离散程度效应		异质程度效应	
2010 年	<10%	475.55	3 030.56	6.37	−2 066.02	−4.34	−488.99	−1.03
	10%～25%	1 011.51	2 634.65	2.60	−1 919.74	−1.90	−403.40	−0.40
	25%～50%	1 738.28	3 066.07	1.76	−423.84	−0.24	−903.95	−0.52
	50%～75%	2 356.41	1 653.28	0.70	640.84	0.27	62.29	0.03
	75%～90%	4 038.13	1 517.73	0.38	1 626.49	0.40	894.57	0.22
	>90%	5 520.13	950.63	0.17	2 560.87	0.46	2 008.64	0.36
2016 年	<10%	589.14	868.52	1.47	−374.11	−0.64	94.73	0.16
	10%～25%	1 145.76	2 785.54	2.43	−907.22	−0.79	−732.56	−0.64
	25%～50%	1 928.12	2 049.80	1.06	−365.99	−0.19	244.30	0.13
	50%～75%	2 809.77	2 409.57	0.86	161.54	0.06	238.66	0.08
	75%～90%	2 278.81	4 248.83	1.86	1 565.96	0.69	−3 535.98	−1.55
	>90%	2 421.90	1 775.14	0.73	1 775.00	0.73	−1 128.24	−0.47

表 5.13 东部与西部城镇家庭人均发展与享受型消费差距

收入分布		消费差距	均值差距效应		分配差距效应			
					离散程度效应		异质程度效应	
2010 年	<10%	821.42	2 382.30	2.90	-1793.32	-2.18	232.43	0.28
	10%~25%	1 484.24	1 839.84	1.24	-1 116.89	-0.75	761.28	0.51
	25%~50%	2 559.24	729.62	0.29	-270.63	-0.11	2 100.25	0.82
	50%~75%	4 182.44	1 039.71	0.25	53.78	0.01	3 088.95	0.74
	75%~90%	5 905.99	1 062.42	0.18	697.00	0.12	4 146.57	0.70
	>90%	10 010.78	679.56	0.07	1 403.46	0.14	7 927.76	0.79
2016 年	<10%	751.49	2 781.98	3.70	-1 275.53	-1.70	-754.96	-1.00
	10%~25%	955.84	654.55	0.68	-233.81	-0.24	544.11	0.57
	25%~50%	1 185.91	3 157.44	2.66	-690.71	-0.58	-1 280.81	-1.08
	50%~75%	1 762.34	1 960.75	1.11	80.70	0.05	-279.10	-0.16
	75%~90%	1 550.91	337.97	0.22	129.76	0.08	1 083.18	0.70
	>90%	3 104	1 081.24	0.35	1 198.29	0.39	824.47	0.27

图 5.7 描绘了东、西部间城镇居民家庭收入分布差异对其消费结构的贡献程度变化。通过其贡献程度的改变能够看到收入分布差异引起区域间家庭消费与享受型消费差距的剧烈改变,超过了对生存型消费差距的影响。

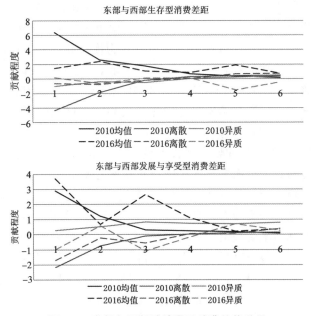

图 5.7 东部与西部城镇居民消费结构差异

　　根据上述分析，可发现无论对于东、中部城镇居民消费结构演变差异，还是对于东、西部城镇居民消费结构演变差异，区域间不同的收入分布均是造成其居民消费结构分化的重要因素。在对区域间城镇居民家庭消费结构差异的影响研究中，相比对食品、衣着与家庭设备及服务类消费的作用，收入分布差异对交通通信、医疗保健与文教娱乐类消费差距的作用程度更强。

5.4　本章小结

　　本章在城镇居民区域收入分布差异诱发的消费不平等效应基础上，引申分析了收入分布差异对区域间城镇居民家庭消费结构差距的影响，以实证考察收入分布差异的个体消费特征。首先，在对城镇居民家庭消费结构优化研究中引了空间因素，利用空间杜宾模型（SDM）对消费结构优化问题进行定量分析以揭示居民收入水平对消费结构升级影响的内在机理。研究结果表明，城镇居民消费结构优化具有明显的空间依赖特征与空间溢出效应。空间依赖特征具体体现为生存型消费和发展与享受型消费显著的空间集聚性。进入消费型生活模式之后，伴随收入提高与新兴产品市场的完善，东部城镇居民更加倾向于交通通信、医疗保健及文教娱乐等消费项目的支出，消费结构升级趋势明显。而就中部与西部城镇居民来讲，现阶段依旧对食品、衣着、家庭设备及服务等产品服务具有较强的需求。空间溢出效应则体现为某一地区城镇居民收入水平的提高不仅对本地居民消费结构优化起到促进作用，同样有利于邻近地区居民消费的扩张。从未来发展来看，东部地区城镇居民消费行为的示范作用将对中、西部城镇居民产生影响。其次，为了从微观角度探究收入分布差异对城镇居民消费结构优化的作用机理，本章将城镇居民收入分布差异分解指标"均值差距""离散差距"与"异质差距"引入 ELES 理论模型分析框架中，分别测度其对区域间城镇居民消费结构差异的贡献程度。分解结果从消费结构角度对收入分布差异与区域消费需求的关联机制给出了进一步的解释：现阶段"均值差距"影响依然最强，"离散差距"影响次之，"异质差距"影响最弱。就消费项目分类而言，不同收入组群家庭消费倾向均从生存型消费向更高层次的发展与享受型消费演进。由此对比生存型消费差距，现阶段收入分布差异对居民发展与享受型消费差距的影响更为显著，而从不同收入水平组群来看，中等收入组群间此类消费效应差异受影响程度最深。这意味着地区间城镇居民平均收入水平差距是诱发其家庭消费结构演变出区域差异的主要原因，长期存在的地区收入水平差距制约了居民家庭消费结构优化，从而不利于释放整体消费潜力。此外,在跨越基本生存需求之后,城镇居民转而关注教育、文化、服务等发展与享受型消费,但收入不平等诱发的收入组群分布结构不合理导致了中、高端消费群体规模区域分布的差距,从而制约了中、西部发展与享受型消费项目与服务高品质发展,无法满足其中高等收入群体对优质产品与服务的需求。由此,优化地区收入组群分布结构对刺激中、高端消费具有深远的影响。

综上所述,伴随生产力发展、收入水平提高,中国城镇居民消费需求由追求数量向追求质量转变。在当前产业结构转型升级向高质量发展过程中,居民消费结构的演变对其具有重要的参考价值。研究得知城镇居民消费结构优化既存在内在空间关联,其演化过程又具有区域性差异。区域间城镇居民收入水平的差距与收入组群区域分配不均衡均是诱发消费结构演变分化的重要原因。因此,推动城镇居民消费结构优化需要进一步完善收入分配制度改革,缩小区域间收入差距,平衡收入组群的区域分布。同时,应当关注各类产品市场,尤其是交通通信、医疗保健与文教娱乐方面产品及服务市场的发展,以促进中、西部地区城镇居民的购买力,实现消费结构更加合理化的演变。

第6章　收入空间分布不平衡的消费非线性特征

　　恩格尔定律等消费理论认为,在居民收入大幅度上升的同时,消费需求层次得到提高,其消费偏好将从生存型消费向发展型、享受型消费转变。改革开放以来,中国经济迅速发展,GDP保持持续增长,国民收入水平得到大幅度提升。国家统计局数据显示"十一五"期间(2007年)到"十二五"期间(2013年),中国城镇居民人均可支配收入从13 785.8元上升至26 955.1元,增长幅度达到95.53%。在收入水平提高的同时,其分布曲线变化具有"厚尾"趋势,中、高收入人群规模不断扩大(孙巍和苏鹏,2013)。从消费市场发展规律来看,中、高收入组群规模逐步扩大,消费结构不断升级,将有助于激发新兴消费市场的自身活力(孙巍和杨程博,2015)。然而,中国城镇居民收入水平提高与中、高收入组群规模扩大的同时,发展与享受型产品及服务的消费支出比例却始终偏低,新兴消费市场升级缓慢。如图6.1所示,1998年以来城镇居民交通通信类项目支出占比从6%缓慢上涨至2013年的15%,而文教娱乐、医疗保健及其他杂项类项目支出占比却并未得到提升。针对这个问题,本章拟以家庭文化消费为例,结合城镇居民区域收入分布差异对新兴消费市场升级演变特征与规律进行深入探讨,从区域角度探讨导致中国城镇居民发展与享受型消费水平与市场规模偏低的原因。这不仅关系到居民经济福利的提升,也为如何释放中、高端消费潜力,推动消费新动能转换对经济高质量发展的促进作用提供了新的思路。

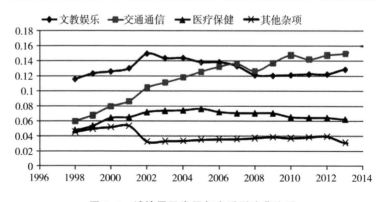

图6.1　城镇居民发展与享受型消费比重

6.1　中国文化消费市场现状与研究进展

6.1.1　城镇居民文化消费需求统计性分析

如表 6.1 所示,2001—2013 年全国城镇居民人均文教娱乐支出占人均可支配收入比例从 10.06% 降低到 8.51%,这与美国人均文化消费占可支配收入比 30% 的情况相去甚远。这段期间,人均文教娱乐消费占总支出比非严格下降,从 2008 开始其占比降低到 13% 以下。这与钱纳里理论中,人均 GDP 达到 3 000 美元时,文化消费将快速增长(占总支出比达到 23%)的国际经验明显不符。从文化消费规模来看,2009 年中国文化消费总额达 0.606 7 万亿元,其市场规模距离国际标准的 4 万亿元仍有 3 万多亿元的差距。因此,无论是城镇居民人均文化消费水平还是文化消费市场规模总量,其发展相比国际标准均相对滞后。

表 6.1　城镇居民文教娱乐消费情况

年份	城镇居民人均文教娱乐消费占可支配收入比(%)	城镇居民人均文教娱乐消费占总支出比(%)	年份	城镇居民人均文教娱乐消费占可支配收入比(%)	城镇居民人均文教娱乐消费占总支出比(%)
2001	10.06%	13.00%	2008	8.61%	12.08%
2002	11.71%	14.96%	2009	8.58%	12.01%
2003	11.03%	14.35%	2010	8.52%	12.08%
2004	10.96%	14.38%	2011	8.49%	12.21%
2005	10.46%	13.82%	2012	8.28%	12.19%
2006	10.23%	13.83%	2013	8.51%	12.73%
2007	9.64%	13.30%			

与此同时,在文教娱乐消费内部结构中,文化耐用品支出、教育支出与文娱服务类支出体现出不同的变化趋势。本章整理了 2001—2012 年全国城镇居民人均文化耐用品支出、教育支出与文娱服务类支出统计数据,如图 6.2 所示。就分项文化消费项目而言,文化耐用品支出占比呈上升趋势,从 2001 年的 18% 增长至 2012 年的 38%;教育类支出占比却逐渐下降,从 2001 年的 62% 减少至 2012 年的 40%;而文娱服务类消费占比始终处于 20%~30% 区间内,并未存在显著变化。原因是教育类支出可视为对教育人力资本的投资,在收入水平较低时,城镇居民选择增加文化资本积累以提高教育文化水平,伴

随政府对教育改革发展投入加大,在长期执行教育"三个增长"①政策要求过程中,教育经费几年翻一番。公共教育财政投入对居民教育支出具有"替代效应"与"挤出效应"(吴强,2011),当财政性教育经费投入增多时,居民人均教育支出占比得以减少。而收入水平的提高,科技水平的发展,不断推动文化耐用品种类与层次的提高,2000 年以来从电视机、组合音响、数码相机、普通电脑等文教耐用品到家庭影院、中高档乐器、单反相机、平板电脑等档次更高的文化耐用品,不断满足居民更为丰富的兴趣爱好,使城镇居民拥有更多文化耐用品消费选择,现代文化生活品质得以提升。对于文娱服务类消费来讲,尽管其占比并未得到显著提高,但消费金额累积增速高于文教耐用品消费与教育消费,旅游休闲、健身美容与文艺演出等消费项目的增多,使城镇居民的精神享受得到充实。以上各项文化消费项目比重的变化,侧面反映了城镇居民伴随自身文化资本提升与需求升级的文化消费偏好与意愿的发展过程。

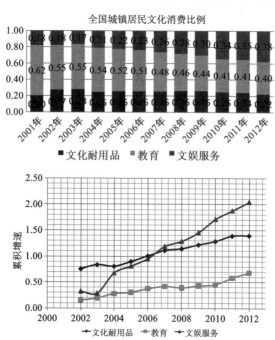

图 6.2　全国城镇居民分项人均文化消费统计性分析

然而在城镇居民文化消费发展过程中消费升级缓慢,而区域文化消费不平衡正是消费升级缓慢的表现。根据国家统计局数据计算出的分地区城镇居民

---

①　教育经费"三个增长"指公共财政预算内教育经费增长高于财政经常性收入增长;生均公共财政预算教育事业费支出实现逐年增长;生均公共财政预算内公用经费支出实现逐年增长。

人均文教娱乐消费情况(见表 6.2),能够发现东部城镇居民文化消费水平高于中、西部地区。2000 年以来东部城镇居民人均文教娱乐消费占可支配收入比重与占总支出比重最高可分别达到 2002 年的 11.79% 与 15.21%,同比之下中、西部城镇居民该项支出比重分别为 10.80%、14.06% 与 11.70%、14.27%。截至 2013 年,尽管文化消费占比均出现下滑趋势,东部城镇居民文化消费比重依旧高于其他地区。区域发展水平决定了家庭文化消费的总量与层次(胡乃武和田子方,2015)。东部的区位优势、政策优势与科技水平优势等促进了其文化产业发展,提升了文化消费产品与服务质量,释放了东部城镇居民文化消费潜力。而中、西部经济发展水平相对落后,文化产业发展滞后,限制了城镇居民文教娱乐产品及服务的购买力,整体文化消费水平与东部存在差距。

表 6.2　分地区城镇居民文教娱乐消费情况

年份	城镇居民人均文教娱乐消费占可支配收入比重(%)			城镇居民人均文教娱乐消费占总支出比重(%)		
	东部	中部	西部	东部	中部	西部
2001	9.90%	10.30%	9.98%	13.10%	13.11%	12.47%
2002	11.79%	10.80%	11.70%	15.21%	14.06%	14.27%
2003	11.09%	10.40%	10.80%	14.61%	13.75%	13.33%
2004	11.11%	10.53%	10.58%	14.78%	14.05%	13.14%
2005	10.58%	9.80%	10.41%	14.20%	13.17%	13.05%
2006	10.43%	9.61%	9.74%	14.30%	13.13%	12.85%
2007	9.89%	9.29%	8.78%	13.75%	12.83%	11.90%
2008	8.98%	7.98%	7.67%	12.78%	11.22%	10.51%
2009	8.89%	7.83%	7.68%	12.68%	10.94%	10.50%
2010	8.76%	7.98%	7.69%	12.70%	11.26%	10.55%
2011	8.67%	8.05%	7.55%	12.79%	11.50%	10.46%
2012	8.40%	7.85%	7.29%	12.71%	11.50%	10.25%
2013	8.54%	8.36%	8.37%	13.10%	12.42%	11.93%

从分项文化消费比重来看,东、中、西三个地区城镇居民教育支出比重均下降,东部人均教育支出占比最低,从 2001 年的 58% 降至 2012 年的 39%,而中部与西部比重则分别由 68% 降至 46%,由 60% 降至 40%。其原因可归结为东部经济相对发达,在经济总量与财政收入大幅增长下,教育经费投入持续增长,减轻了居民教育负担。而中、西部财政性收入增长缓慢,尽管严格执行

教育财政政策,但投入比例远低于经济发达地区,教育预期支出不确定性较强,因此其城镇居民教育消费投入比重依旧高于东部地区。而通过图6.3可以发现,随着教育支出比重降低,文化耐用品消费比重对其具有"挤入效应",文化耐用品支出比重持续增加。截至2012年,东部城镇居民文化耐用品消费比重达到39%,等同于教育支出比重;中部与西部比重则分别增长至34%与36%。代表在城镇居民教育负担减轻的同时,加大了对平板电脑、单反相机、家庭影院及中高档音乐器材等新型耐用品的投入,消费层次更高,生活方式更为先进。尽管三个地区城镇居民文娱服务类支出比重增幅较低,但消费数额累积增速较快。服务消费代表着消费升级的最终趋势,其比重增加是消费升级的重要表现(张颖熙和夏杰长,2017)。因此可以预计随着文娱服务类产品种类与质量的提高,城镇居民将转向对文化服务类消费项目的支出。

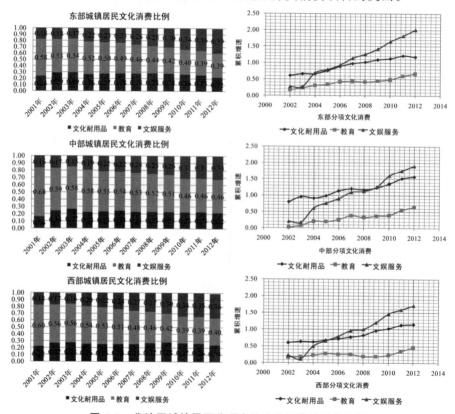

图6.3 分地区城镇居民分项人均文化消费统计性分析

通过上述对城镇居民文化消费趋势演变的分析,一方面体现了城镇居民文化消费内部消费偏好的改变,另一方面可以看到城镇居民文化消费的地区差异,中、西部文化消费相对滞后,市场发展具有很大潜力。而考察文化消费升级过程,分析各地区不同收入水平消费者文化消费特征,探讨文化消费市场规模与层次演变规律对于释放其市场发展潜力具有重要意义。

6.1.2　居民文化消费相关研究进展

针对中国居民文化消费现状,国内学者从不同方面进行了探索式分析。

在文化消费影响因素方面,居民收入、受教育程度、消费习惯、社会阶层等均对其产生显著的影响(聂正彦和苗红川,2014;姜宁和赵邦茗,2015)。同时其作用程度在区域上表现差异特征,居民文化消费需求收入弹性与地区发达程度成正比,消费习惯对当期文化消费的作用显著,对于城镇居民来讲其消费习惯影响程度按照东、中、西部依次递减(丁任重和朱博,2013)。由于不同的国情状况,现今国外针对文化消费的研究普遍认为社会阶层是影响居民文化消费最重要的原因(Bihagen E & Katz T,2000;Torche F,2007),原生家庭背景与受教育水平程度等均会对居民文化消费层次、品味与鉴赏力产生影响。而国内主要以分析收入与居民文化消费的关系为主,不同类型的收入对文化消费影响程度同样具有差别。在收入构成中工资性收入与经营性收入对文化消费支出的影响最大,并且分别与生活压力和社会保障满意度对文化消费起到三重交互作用(李志和李雪峰,2016)。以上研究均是从居民平均收入水平与平均文化消费水平的关系着手分析,然而收入的变化对居民文化消费水平具有个体效应与宏观效应两方面的影响(王宋涛,2014)。在"收入分布效应"作用下会诱发居民异质性的消费层次,个体分布的特征也会影响到宏观消费的形式变化(Stocker,1986),因此有必要考虑分布效应的影响。

针对文化消费需求的区域性差异,张梁梁和林章悦(2016)认为居民文化消费出现区域性差异的原因是其存在较强的空间集聚效应,在区域上表现出时空滞后性,因此需要在东部区域的带动下促进中、西部文化消费的发展。

关于中国居民文化消费的发展规律,毛中根和孙豪(2016)根据 1993—2012 年的城镇家庭调查数据总结出中国居民文化消费在到达一定条件之前,其占居民收入、消费的比重呈倒"U"形趋势,在一定条件后呈"U"形趋势,这意味着中国居民文化消费的变化趋势存在拐点,具有阶段性变化特征。陈劲(2015)根据文化消费结构指标得到重庆市居民文化消费水平的层次结构,发现中下层及低层人数占比少于半数,文化消费水平较低;中层以上人数占比过半,表现出高水平的文化消费需求层次,说明中国居民文化消费已呈现不同层次的发展需求。同时,文化消费产品与服务具有商品性与非商品性两重特征(柳思维,1994)。随着市场机制作用的发挥,商品性的文化消费比重加大,城镇居民文化消费会由"粗放型"向"集约型"转变,更加注重消费的品质与质量

(欧翠珍,2010)。任何产品与服务,在进入市场之后均会遵循市场规律,也就是供给与需求相结合(钱光培和高起祥,2000)。因此,把握文化消费升级状态会为现阶段中国新时代文化产业高质量的发展提供有力依据。

尽管现有的研究从不同角度阐述了中国居民文化消费偏低且区域发展不平衡的现状、影响因素及发展趋势。然而,鲜有关于收入分布,即收入水平与收入组群分布与文化消费关系的研究,文化消费的升级条件及升级产生的消费效应尚未得到证明。能够发现,收入是决定中国居民消费最重要的原因。在收入增长与收入分配差距扩大同时存在的现实背景下,分析其对文化消费等居民发展型消费的影响更具有现实性与合理性。根据 Stocker(1986)分布理论,孙巍和苏鹏(2014)从收入分布变迁角度对中国居民消费需求效应进行了分析,发现收入分布的演变对市场需求具有大幅度的冲击,同时也是诱发居民消费结构转变的主要原因。基于上述研究,本章将从收入分布差异的角度对中国城镇居民文化消费进行分析,以探讨收入与文化消费的非线性演化关系。根据居民文化消费区域性需求状况,判断文化消费的升级状态,对如何促进文化消费升级,推动文化产业高质量发展具有重要的作用。同时,从长远来看当前中国居民收入水平提升带来的美好生活需要与供给侧不平衡、不充分的发展之间具有矛盾,从区域收入分布差异的消费效应角度出发,对逐步化解到最终解决新时代中国社会主要矛盾具有重要的现实意义。

6.2　收入空间分布不平衡对居民文化消费影响的非线性机理

6.2.1　理论分析与作用机理

根据前文分析可知收入分布差异包括两层含义:一是"均值差距"即地区间居民平均收入水平的差距;二是"分配差距"即地区间收入组群分布规模及比例的差异。进一步,收入分布差异对居民消费升级具有直接效应与间接效应影响。具体主要体现在两方面:直接效应即居民收入水平直接作用于消费需求,无中间环节影响;间接效应表现为收入组群规模对居民消费需求的作用,即收入组群规模通过影响其他因素如消费市场发展等进而影响居民消费行为。以上分析表明,区域收入分布差异对居民消费升级具有双重作用,接下来本章将具体分析其对居民文化消费的非线性作用机制。

居民的收入水平直接影响文化消费支出。国内外许多学者证明了居民收入对于消费具有显著的正面效应(Blinder,1975;臧旭恒和张继海,2005;段先盛,2009),文化消费作为城镇居民消费结构中重要的组成部分,同样受到收入正向作用(车树林和顾江,2018)。基于马洛斯层次需求理论,相比物质层面的基本生存需求,文化消费体现出更高层次的精神层面需求。当其收入水平较低时,居民首先选择满足基本生存需求,文化消费支出有限;随着收入上升,居民产生更高层次需求的欲望,文化消费增长加快。另有一些学者认为居民收入与文化之间直接并非简单的线性关系,收入水平对文化消费支出的促进作用边际递减(田虹和王汉瑛,2016)。同时,居民文化消费的地区发展不均衡对促进文化消费发展产生抑制(张沁,2004)。由于地区经济发展水平差距、文化供给和环境的差异及居民消费的空间集聚性特征等情况的存在,这就决定了同一收入水平居民在不同地区文化消费行为出现差别,收入对不同地区城镇居民文化消费的影响很可能存在异质门槛。因此,城镇居民文化消费升级可能存在收入水平的区域异质性门限效应。

区域收入分布差异通过影响居民文化消费需求继而影响文化消费市场发展,而文化消费市场的发展通过影响居民消费偏好又反向作用于居民文化消费支出。居民消费的变化具有两方面含义,一方面是指消费总量规模的扩展或收缩,另一方面是指不同消费层次比例变化引起的需求结构改变。首先,收入分布状态决定消费品需求状态,耐用品与非耐用品消费需求均存在内生周期(李建伟,2015)。因此在地区间收入分布差异作用下,各区域文化消费需求总量存在差别。其次,在异质性偏好假说下不同收入组群对某种商品或服务具有不同消费偏好,则各收入组群平均收入水平与组群的规模通过影响其需求结构作用于其供给结构,继而影响该市场发展态势。据此,各区域城镇居民文化消费层次的收入门槛划分下,地区间组群收入与规模差异会影响其市场发展态势。

接下来,本章将构建计量模型以验证各区域居民文化消费升级的异质性收入门槛,并在各区域收入门槛划分下探究其组群收入水平与规模的差异将对区域文化市场发展产生怎样的影响。既能够揭示中国城镇居民文化消费升级缓慢的原因,又能够判断其市场发展潜力。

6.2.2　数据说明与模型构建

(1)数据与变量说明

本章使用的数据同样来自中国家庭收入调查数据(CHIP)2007 年与 2013年的城镇家庭样本,其分别可以代表"十一五"和"十二五"期间城镇居民收入与文化消费情况。该调查数据通过分层抽样调查采集,数据样本具有一致性与有效性。在剔除少量缺失信息与异常值后,最终两年度分别保留 4 376 户与5 919

户城镇家庭作为样本进行分析。为了分析收入分布差异的文化消费效应，采用统计局经济区域划分指标将总样本按照其家庭所在地进行区域子样本划分。同时，根据《中国统计年鉴》中的各类价格指数，以 2007 年作为基期不变价对收入和文化消费数据进行平减，以消除时间与空间上价格弹性的影响。

在变量选取方面，参照 Appleton 等（2008）对中国城镇居民消费行为的研究，选取各地区城镇家庭人均文化消费支出作为被解释变量，城镇居民家庭人均可支配收入作为解释变量以及户主年龄、性别、受教育程度等家庭特征数据作为控制变量[②]。由于家庭文化消费支出中包含教育消费支出，在家庭人口构成中，由子女引致的教育消费数量比例较大。因此，参照郝云飞和臧旭恒（2017）的做法，选取家庭中是否拥有年龄小于 25 岁的未婚子女作为虚拟控制变量。

首先对各区域家庭人均可支配收入与文化消费的情况进行统计分析。表 6.3 所示为两个观测期样本描述性统计，东部城镇家庭人均可支配收入在 2007 年及 2013 年分别为 2.49 万元及 2.88 万元，2007 年高出中部 62.6％水平，高出西部 64.2％水平，而在 2013 年，其差距幅度分别降低到 39.3％及 34.6％，在均值差距上有所减缓。此期间，东、中、西区域家庭文化消费均值分别提高 68.42％、75％与 50％。然而，文化消费的两极分化程度加大，东部的极化程度强于其他区域。

表 6.3　家庭可支配收入与文化消费描述性统计

年份	区域	家庭可支配收入（人均）：万元				家庭文化消费（人均）：万元			
		均值	标准差	最小值	最大值	均值	标准差	最小值	最大值
2007 年	东部	2.49	1.45	0.16	9.7	0.19	0.25	0.01	3.33
	中部	1.53	1.02	0.17	8.24	0.12	0.15	0.01	1.50
	西部	1.51	0.99	0.08	7.65	0.14	0.18	0.01	1.37
2013 年	东部	2.88	1.68	0.02	11.60	0.32	0.50	0.01	9.14
	中部	2.07	1.24	0.05	9.57	0.21	0.24	0.01	1.93
	西部	2.14	1.25	0.02	10.87	0.21	0.29	0.01	4.22

从各区域家庭可支配收入分布变迁情况来看（见图 6.4），各区域的收入分布曲线均右移，城镇居民整体收入水平逐步提高，其中东部收入水平明显高于中部与西部地区。其次，分布曲线尾端均有"厚尾"趋势，从"偏态分布"向"正态分布"转化，证明中、高收入组群密度上升。其中，东部分布"峰值"最低，

---

② 控制变量同样选取了"职业类型"，但经本章测算户主职业类型对家庭文化消费无显著性影响，因此描述性统计不列出其具体指标。

"厚尾"趋势最强,高收入组群密度较大。再次,分布曲线变化趋势均逐步趋缓,分布分散化程度上升。同时,各区域的教育文娱消费始终呈"左偏"分布(见图6.5),文化消费支出多数集中于低消费水平,东部城镇居民教育文娱消费分布最为平缓,变化幅度小,而中、西部文化消费分布变化剧烈。通过描述性统计结果能够看到,通过收入分布的异质性变化,可以发现不同收入水平组群的区域分布状态出现差异。在异质性偏好假设下,不同收入组群的偏好差异决定了消费市场的发展方向,其于不同区域的集中与分散通过对各区域收入组群消费需求总量的影响,从而影响区域消费市场的发展。

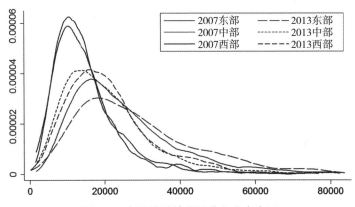

图6.4　各区域城镇居民收入分布变迁

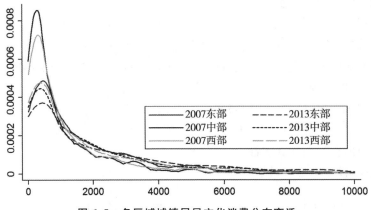

图6.5　各区域城镇居民文化消费分布变迁

表6.4对家庭人口特征进行了描述性统计,在户主年龄、性别、受教育程度与家庭规模、婚姻状况上各区域城镇居民情况基本相似,户主年龄平均于47~50岁之间,年度对比下,户主平均年龄增长;户主性别则以男性为主,受教育年限基本在11年左右,婚姻状况初婚为主,未婚子女抚养均值基本在0.5

以上，说明需抚养子女的家庭居多③。上述数据特征与以往研究相符合，有助于研究家庭文化消费及其变化特征。

表 6.4　样本家庭人口特征描述性统计

变量		2007 年			2013 年		
		东部	中部	西部	东部	中部	西部
户主年龄	均值	47.70	48.07	48.68	50.75	49.48	50.57
	标准差	12.66	13.45	12.17	13.33	12.88	13.17
户主性别	均值	1.34	1.35	1.46	1.28	1.22	1.33
	标准差	0.45	0.47	0.50	0.45	0.42	0.47
户主受教育	均值	11.27	11.62	11.23	11.15	10.57	10.11
年限	标准差	3.36	3.91	3.38	3.51	3.42	3.70
家庭	均值	2.98	3.00	3.11	2.92	3.10	3.09
规模（人）	标准差	0.90	0.90	0.91	1.12	1.12	1.18
婚姻状况	均值	2.19	2.21	2.20	1.46	1.42	1.49
	标准差	0.71	0.75	0.65	1.27	1.15	1.22
子女抚养比	均值	0.54	0.53	0.53	0.49	0.59	0.54
	标准差	0.50	0.50	0.50	0.50	0.49	0.50
样本数		2219	1238	919	2492	2062	1365

（2）计量模型构建

根据前文分析，由于收入分布差异会诱发区域间消费水平的差距与消费需求的分层，所以需按照不同区域对文化消费层次进行划分。因此，本章选择对各区域居民教育文娱消费进行收入门限效应检验，期望得到不同偏好的异质性群组，以刻画居民收入对文化消费的非线性作用机制。

根据 Hansen(2000)的门限回归方法，本章建立实证模型如式（6.2）所示。该方法不仅可估计门槛值并推导门限的最小二乘估计量的近似分布，同时可检验门限的存在性和真实性。

首先，设定基础计量模型：

$$\text{expenditure}_{j,t} = \beta_{0j,t} + \beta_{j,t}\text{income} + \sum_{k=1}^{n}\text{family}_{kj,t} + \varepsilon_{j,t} \qquad (6.1)$$

---

③　本章中采用的 CHIP 调查数据定义取值如下，性别：男＝1，女＝2；2007 年婚姻状况：未婚＝1，初婚＝2，再婚＝3，离异＝4，丧偶＝5，同居＝6；2013 年婚姻状况：初婚＝1，再婚＝2，同居＝3，离异＝4，丧偶＝5，未婚＝6；设定子女抚养数量为虚拟变量：拥有 25 周岁以下的未婚子女，其子女抚养比＝1；不拥有 25 周岁以下的未婚子女，其子女抚养比＝0。

其中 j 代表区域变量，$j=$ east, middle, west，分别代表东部、中部、西部地区；为了排除家庭规模经济因素的影响，对家庭消费进行人均化处理，将家庭层面变量调整到个体层面，即：家庭总消费/家庭总人口数，得到 expenditure$_{j,t}$ 表示 t 时期 j 区域城镇居民家庭人均文化消费的支出，income 表示 t 时期 j 区域城镇居民家庭人均可支配收入，$\sum_{k=1}^{n}$ family$_{kj,t}$ 表示 t 时期 j 区域 k 种家庭特征控制变量的集合，其控制变量包括户主信息、家庭成员数量、子女数量、家庭重大事件等。为排除异方差性带来的误差，在基准回归中将对家庭人均文化消费支出与家庭人均可支配收入做对数化处理，以观测变量间的相对变化。

其次，根据理论方法可以建立收入-文化消费的门限回归模型：

$$\text{expenditure}_{j,t} = \beta_{0j,t} + \beta_{1j,t}\text{incomeI}\cdot\text{I}(\text{incomeI} \leqslant \gamma_{j,t})$$

$$+ \beta_{2j,t}\text{incomeI}\cdot\text{I}(\text{incomeI} \geqslant \gamma_{j,t}) + \sum_{k=1}^{n}\text{family}_{kj,t} + \varepsilon_{j,t} \quad (6.2)$$

其中，$\gamma_{j,t}$ 为 t 时期 j 区域域城镇居民人均文化消费的收入门槛值。式(6.2)根据任意给定的 $\gamma_{j,t}$ 门限值进行最小二乘估计可得到：

$$\text{expenditure}_{j,t} = \theta_{1,t}\text{Var}_{j,t}(\text{incomeI} \leqslant \gamma_{j,t}) + \theta_{2,t}\text{Var}_{j,t}(\text{incomeI} \geqslant \gamma_{j,t}) + e_{j,t}$$
$$(6.3)$$

式(6.3)中，假定 $\gamma_{j,t}$ 属于有界区间，定义虚拟变量 $D_{j,t}(\gamma) = \{\text{incomeI} \leqslant \gamma_{j,t}\} = 1$，且 $D_{j,t}(\gamma) = \{\text{incomeI} > \gamma_{j,t}\} = 0$。其中，$\{\cdot\}$ 代表示性函数，设定 $\text{Var}_{j,t}(\gamma) = \text{Var}_{j,t}$ $D_{j,t}(\gamma)$，$\delta_{n,t} = \theta_{2,t} - \theta_{1,t}$。此时，设 S_n 代表残差平方和以表示为关于三个参数的函数，即 $S_n = (\theta, \delta, \gamma)$，则其最小二乘估计量为使得 S_n 最小的参数组合 (θ, δ, γ)。由条件估计量 $\hat{\theta}(\gamma)$ 与 $\hat{\delta}(\gamma)$，推知残差平方和 $S_n(\gamma)$ 可以看作门槛值 $\gamma_{j,t}$ 的函数，此时估计量 $\hat{\gamma}_{j,t}$ 可使 $S_n(\gamma)$ 取值最小。在对横截面数据予以分析时，由于可能会存在异方差的情况，因此需要进行怀特异方差修正从而得到稳健标准误，即 $\hat{\gamma}_{j,t} = \text{argmin} S_n(\gamma)$。为了更为细致地观测到文化消费的收入门限值，在门限回归模型中变量不做对数处理。

在得到门限估计值以后，需要对门限值的显著性和一致性进行检验以保障模型真实可靠。对于检验门限值显著性，即检验是否存在门限效应及门限存在个数，采用的检验方法是拉格朗日乘子(LM)检验 F 值，此时即使异方差存在也能保持一致性。由于若原假设成立，门限无法被识别，传统检验统计量分布非标准。针对此情况，可根据 Hansen 提出的自举法(bootstrap method)来计算 P 值，若 P 值小于既定水平，则拒绝原假设。对于一致性的检验，可根据极大似然估计(LR)检验门限值 γ。给定原假设 $H_0:\gamma=\gamma_0$，$H_1:\gamma\neq\gamma_0$，则似然比统计式为

$$\text{LR}(\gamma) = n\frac{S_0 - S_n(\hat{\gamma}_{ij})}{S_n(\hat{\gamma}_{ij})} \quad (6.4)$$

设 α 为显著性水平，根据 Hansen(2000) 的证明，对于给定的置信水平 α，当 $\mathrm{LR}(\gamma_0) > -2\ln(1-\sqrt{1-\alpha})$ 时，拒绝原假设，此时门限值存在，可继续进行多门限值检验。若 $\mathrm{LR}(\gamma_0) \leqslant -2\ln(1-\sqrt{1-\alpha})$，则不能拒绝原假设，需通过求解不等式以求出渐进置信区间。在对横截面数据进行分析时，如果存在异方差，需要重新定义似然比统计式如式(6.5)所示：

$$\mathrm{LR}_n^*(\gamma) = \frac{\mathrm{LR}_n(\gamma)}{\hat{\eta}^2} = \frac{S_n(\gamma) - S_n(\hat{\gamma})}{\hat{\sigma}_n^2 \hat{\eta}^2} \tag{6.5}$$

其中，能够通过计算 Nadaraya-Watson 核估计量得到 $\hat{\eta}^2$ 的结果，具体表达形式为

$$\hat{\eta}^2 = \frac{\displaystyle\sum_{i=1}^{n} K_h(\hat{\gamma} - q_i)(\hat{\beta}'x_i)^2 e_i^2}{\displaystyle\sum_{i=1}^{n} K_h(\hat{\gamma} - q_i)(\hat{\beta}'x_i)^2 \hat{\sigma}^2} \tag{6.6}$$

式(6.6)中，$K_h(u) = h^{-1}K(u/h)$ 代表其核函数，带宽为 h，带宽的选择需遵循 Hardle 和 Linton(1994) 提出的最小均方均方误差准则。

（3）区域间收入水平与组群规模差异分解

在门限效应结果检验后，能够对各区域不同文化消费层次的组群进行划分。在异质性偏好假说下，不同消费组群具有异质性的消费倾向与偏好。为了探究区域收入分布差异对家庭文化消费的影响，将区域间不同文化消费层次家庭的需求差距进行收入水平与消费组群规模划分。为得到其区域间具体文化消费差距结果，需要将东部设定为对照区域，将中、西部分别设为比对区域，在上述模型设计基础上设定：

$$\mathrm{expenditure}_{i,t}^r = \beta_{0i,t}^r + \beta_{i,t}^r \mathrm{income}_{i,t}^r + \sum_{k=1}^{n} \mathrm{family}_{ik,t}^r + \varepsilon_{i,t}^r \tag{6.7}$$

其中，根据门限回归结果将 t 时期区域内不同消费层次家庭划分为 i 组，分别用 $i = 1, 2, \cdots, m$ 表示，假设第 i 组文化消费层次代表性家庭信息体现了该区域第 i 组文化消费层次家庭的平均状况。$\mathrm{expenditure}_{i,t}^r$ 代表 t 时期对照区域或比对区域第 i 组文化消费层次的代表性家庭人均消费，其等于 t 时期该区域第 i 组文化消费层次的平均文化消费水平；$\mathrm{income}_{i,t}^r$ 表示 t 时期对照区域或比对区域第 i 组文化消费层次的代表性家庭人均可支配收入，其等于 t 时期该区域第 i 组文化消费层次的平均收入水平；$\beta_{i,t}^r$ 代表 t 时期 r 区域第 i 组文化消费层次代表性家庭的边际消费倾向，根据异质偏好假设原理，各区域不同消费层次组群的边际消费倾向等于其平均消费倾向，且可视为该消费层次居民对商品及服务的消费偏好；$\displaystyle\sum_{k=1}^{n} \mathrm{family}_{ik,t}^r$ 为 t 时期 r 区域第 i 组文化消费层次

代表性家庭的 k 种家庭控制变量集合（户主信息、家庭成员数量、子女抚养比及家庭重大事件等）；$r=0$ 代表对照区域东部，$r=1$ 代表比对区域中部或西部。将 N_t^r 设定为 t 时期 r 区域总文化消费家庭数量，$N_{i,t}^r$ 代表 t 时期 r 区域第 i 组消费层次的家庭数量，$\omega_{i,t}^r = N_{i,t}^r / N_t^r$ 为 t 时期 r 区域第 i 组文化消费层次家庭数量占该区域总消费家庭数量的比例，且 $\omega_{i,t}^r \in [0,1]$。此时 t 时期该区域家庭人均文化消费总值转化为

$$C^r = \sum_{i=1}^m N_{i,t}^r (\beta_{0i,t} + \beta_{i,t} \text{income}_{i,t}^r + \sum_{k=1}^n \text{family}_{ik,t}^r + \varepsilon_{i,t}^r) \qquad (6.8)$$

通过上式，可以发现 t 时期 r 区域第 i 组消费层次的家庭数量改变或者 r 区域第 i 组文化消费层次的平均收入水平改变均会引起 t 时期该区域家庭人均文化消费总值的变化。假设 $C_{i,t}^r$ 为 t 时期 r 区域第 i 组文化消费层次家庭人均文化消费总量。此时利用反事实分析方法，设定当比对区域家庭其他条件不变，仅其收入水平或规模比例达到 t 时期对照区域（$r=0$）水平时，t 时期比对区域（$r=1$）该文化消费层次的家庭人均文化消费总量将分别改变：

$$\Delta C_{i,t}^1 = \omega_{i,t}^1 N_t^1 [\beta_{0i,t}^1 + \beta_{i,t}^1 \underbrace{(\text{income}_{i,t}^0 - \text{income}_{i,t}^1)}_{\text{收入水平差距}} + \sum_{k=1}^n \text{family}_{ik,t}^1 + \varepsilon_{i,t}^1]$$

$$(6.9)$$

$$\Delta C_{i,t}^1 = \underbrace{(\omega_{i,t}^0 - \omega_{i,t}^1)}_{\text{组群规模差距}} N_t^1 (\beta_{0i,t}^1 + \beta_{i,t}^1 \text{income}_{i,t}^1 + \sum_{k=1}^n \text{family}_{ik,t}^1 + \varepsilon_{i,t}^1)$$

$$(6.10)$$

通过收入水平或组群规模的改变，可以对中、西部区域不同文化消费层次家庭的消费市场潜力做出判断。

6.3　收入空间分布不平衡对居民文化消费影响的检验结果

6.3.1　文化消费空间收入门限估计结果

（1）基准回归结果分析

表 6.5 涵盖了各区域 2007 年与 2013 年的家庭文化消费影响因素及其变化情况。总体来看，家庭人均可支配收入、户主受教育程度与子女抚养比在两年度均是影响居民文化消费的主要影响因素，户主年龄、户主性别、家庭规模及婚

姻状况在个别区域与年度对文化消费起到显著性影响。从其影响因素的变化来看,中国城镇居民可支配收入仍然是影响家庭文化消费的主要原因,东部城镇居民平均文化消费收入弹性高于中、西部地区。两个观测期内,当收入增加1%时,东部家庭的文化消费支出从能够提高0.626%到提高1.034%,意味着东部城镇居民的文化消费逐渐富有弹性。对于中、西部城镇居民而言,虽然其文化消费的收入需求弹性提高,然而由于收入水平限制,并未达到富有弹性的水平。户主受教育程度对各地区家庭文化消费的正向作用均加强,说明当经济条件达到一定水平时,文化素养与鉴赏能力的提高能够进一步促进家庭文化消费的支出。子女抚养比对于家庭文化消费支出具有显著的影响且作用程度加深,子女抚养比对东、中、西部家庭文化消费的作用程度分别提高了2.39%、29.10%与6.75%,其中中部家庭更受子女抚养比因素的影响。从户主年龄、性别与婚姻状况等个体特征影响因素来看,户主性别只在不同年度作用于个别区域的家庭,户主年龄与婚姻状况对家庭文化消费并不具有显著的影响。以上估计结果与以往研究相符合,说明此样本具有广泛的代表性,不存在样本选择偏误。能够发现,均值回归结果表明东部城镇家庭文化消费需求最强,但是均值回归结果却掩饰了不同分布文化消费组群的信息。下面本章将对家庭文化消费进行门限效应检验,以揭示各区域不同层次文化消费组群需求状况。

表 6.5　2007 年与 2013 年各区域家庭文化消费影响因素分析

年份	2007 年			2013 年		
区域	东部	中部	西部	东部	中部	西部
户主年龄	−0.001	−0.007**	−0.013***	−0.010***	−0.007**	−0.002
	(0.002)	(0.003)	(0.004)	(0.003)	(0.003)	(0.093)
户主性别	0.170***	0.156*	0.201**	−0.001	0.274***	0.107
	(0.056)	(0.076)	(0.085)	(0.067)	(0.079)	(0.086)
户主受教育年限	0.048**	0.022**	0.043***	0.079***	0.058***	0.071***
	(0.009)	(0.009)	(0.058)	(0.011)	(0.011)	(0.013)
人均对数收入	0.626***	0.502***	0.610***	1.034***	0.821***	0.928***
	(0.050)	(0.064)	(0.079)	(0.053)	(0.066)	(0.093)
婚姻状况	−0.081*	−0.005	0.020	−0.022	−0.054*	−0.002
	(0.042)	(0.051)	(0.076)	(0.025)	(0.030)	(0.035)

（续表）

年份	2007 年			2013 年		
区域	东部	中部	西部	东部	中部	西部
家庭规模	−0.136***	−0.197***	−0.108**	0.005	−0.078**	−0.105**
	(0.036)	(0.051)	(0.052)	(0.037)	(0.039)	(0.047)
子女抚养比	0.837***	0.811***	0.830***	0.857***	1.047***	0.886***
	(0.074)	(0.109)	(0.113)	(0.084)	(0.099)	(0.109)
截距项	−0.166	1.335*	0.143	−4.458***	−2.333***	−3.511***
	(0.550)	(0.695)	(0.815)	(0.568)	(0.679)	(0.971)
R^2	0.169	0.134	0.207	0.273	0.235	0.217

注：***、**和*分别表示在1%、5%和10%的水平下显著，括号里为稳健标准误。

（2）门限效应回归估计结果

基于 Hansen(2000)提出的程序语言，采用连玉君 crosstm 横截面门槛程序包结合 Stata 12.0 运行数据，对各区域家庭文化消费的收入门限效应进行了检验。2007 年与 2013 年各区域城镇家庭文化消费的收入门限估计值均在 95% 置信区间内，通过了 95% 以上的置信水平一致性检验，如表 6.6 所示。在此基础上，采用 Hansen Bootstrap(自举法)模拟出 P 值来检验门限值的显著性，借以确定是否存在收入门限以及门限个数。表 6.6 中各区域收入门槛值均通过了一致性和显著性检验，说明其估计值真实可靠。

表 6.6 同时列举了现阶段中国各地区城镇居民文化消费异质的收入门限效应。可支配收入将居民文化消费水平划分出不同的层次，居民收入水平跨越门槛值，其文化消费支出才会有显著的提高，即达到消费升级状态。从区域门槛值对比来看，东部收入门槛值高于其他地区。2007 年，东部城镇居民收入门槛为 4.3 万元，意味着当收入达到约 4.3 万元时，能够脱离较低的文化消费水平，如图 6.6 所示。而中部与西部城镇居民文化消费收入门槛分别为 3 万元与 1.8 万元，当其城镇家庭人均收入分别达到约 3 万元与 1.8 万元水平时就能够达到文化消费升级状态。到 2013 年，各地区收入门槛水平相继提高，东部文化消费需求演化出更多的等级划分，其收入门槛值分别达到 4.2 万元与 5.6 万元，家庭文化消费具有"二次升级"特征，如图 6.7 所示。此时中部与西部地区城镇居民收入门槛值分别提升到 3.6 万元与 4.3 万元，门槛水平显著提高。

表 6.6　各区域城镇居民家庭教育文娱消费－收入门槛

项目		门槛值（单位:万元）	F 值	95%置信区间	P 值（自举 300 次）
2007 年	东部	4.3	27.187***	[4.3e+04,4.4e+04]	0.000
	中部	3.0	7.026**	[4 600.000,3.6e+04]	0.017
	西部	1.8	4.440**	[5 156.000,3.7e+04]	0.040
2013 年	东部	4.2 / 5.6	4.387**	[1.1e+04,5.9e+04] / [5.6e+04 ,5.9e+04]	0.037
	中部	3.6	4.317**	[8 394.546,3.7e+04]	0.030
	西部	4.3	12.578***	[4.2e+04,4.3e+04]	0.000

注:***、**和*分别表示在 1%、5%和 10%的水平下显著。

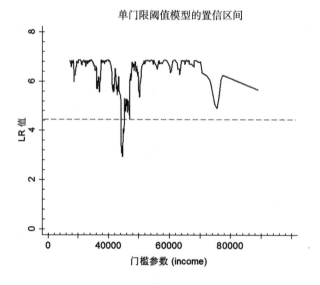

图 6.6　2007 年东部城镇居民文化消费收入门限估计值

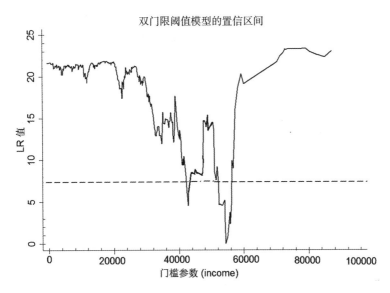

图 6.7 2013 年东部城镇居民文化消费收入门限估计值

6.3.2 不同消费层次组群文化消费需求空间演变

(1)不同消费层次城镇家庭文化消费需求演变

表 6.7 给出了各地区收入门槛划分下家庭文化消费需求变化。2007 年，东部城镇居民收入门槛为 4.3 万元，当家庭人均可支配收入跨越门槛水平后，文化消费支出均值从约 1 600 元提高到约 3 700 元，增长幅度高达 129%。而中、西部的收入门槛值分别为 3 万元与 1.8 万元，跨越门槛水平后文化消费分别增长 150% 与 105%。此时，东部与中部年收入在收入门槛以下的消费组群在文化消费方面不具有边际消费倾向，意味着收入的提升不能显著地增加这部分人群教育文化消费支出的比例。到第二个观测期，收入门槛水平相继提高，东部形成了多层次的文化消费需求状态，其文化消费支出均值从约 1 900 元经两次门槛跨越达到约 8 000 元，增长幅度分别为 134% 与 76.5%。虽然东部演化出了文化消费中间层组群，但是这部分消费组群却不具有边际消费倾向，说明第二个观测期东部消费中间层组群的收入水平和当地文化消费产品市场还未使其形成相应的购买力。中、西部地区的收入门槛值分别提升到 3.6 万元与 4.3 万元，跨越门槛后教育文娱消费支出分别增长 105% 与 154%。与此同时，文化产品的更新迭代、成本增高，却减弱了中、西部低消费组群的购买能力，致使其文化消费需求向刚性转变。

表 6.7　各地区城镇居民不同消费层次文化消费状况

年份	区域	门槛区间 （单位：万元）	收入区间均值 （单位：万元）	消费区间均值 （单位：万元）	边际消费倾向 OLS＋稳健标准误
2007 年	东部	＞4.3	6.02	0.37	0.048 4*** (0.005)
		＜4.3	2.10	0.16	0.039 6 (0.006)
	中部	＞3.0	4.97	0.25	0.017 1*** (0.008)
		＜3.0	1.31	0.10	0.002 5 (0.006)
	西部	＞1.8	3.00	0.20	0.027 5*** (0.009)
		＜1.8	1.08	0.10	0.000 4** (0.016)
2013 年	东部	＞5.6	8.03	0.80	0.079 7*** (0.010)
		4.2～5.6	4.83	0.46	0.074 5 (0.010)
		＜4.2	2.25	0.19	0.048 8*** (0.010)
	中部	＞3.6	4.90	0.36	0.060 4*** (0.006)
		＜3.6	1.77	0.17	0.070 2 (0.007)
	西部	＞4.3	5.64	0.43	0.051 4*** (0.006)
		＜4.3	1.95	0.17	0.048 1 (0.007)

注：***、** 和 * 分别表示在 1%、5% 和 10% 的水平下显著，括号里为稳健标准误。

为了排除测量误差影响，本章利用 FGLS 方法对 OLS＋稳健标准误估计结果进行稳健性检验，如表 6.8 所示。其估计结果基本一致，证明 OLS＋稳健标准误估计结果相对稳健。可以发现，两种估计均显示对于文化消费这种发展与享受型消费而言，高收入组群的边际消费倾向依旧高于其他群体，是文化产品与服务市场主要的消费组群,这意味着文化消费仍属于新兴消费。值得注意的是,东部中、低消费组群的边际消费倾向近似于,甚至高于中、西部的高消费组群,说明其具有相近的文化消费需求欲望。

表 6.8 稳健性检验估计结果

年份	区域	门槛区间 (单位:万元)	收入区间均值 (单位:万元)	消费区间均值 (单位:万元)	边际消费倾向 FGLS
2007 年	东部	>4.3	6.02	0.37	0.069 5*** (0.019)
		<4.3	2.10	0.16	0.038 7 (0.004)
	中部	>3.0	4.97	0.25	0.010 0*** (0.022)
		<3.0	1.31	0.10	0.002 6 (0.006)
	西部	>1.8	3.00	0.20	0.030 0*** (0.019)
		<1.8	1.08	0.10	0.000 4** (0.012)
2013 年	东部	>5.6	8.03	0.80	0.082 7*** (0.009)
		4.2~5.6	4.83	0.46	0.080 2 (0.020)
		<4.2	2.25	0.19	0.050 7*** (0.006)
	中部	>3.6	4.90	0.36	0.062 6*** (0.18)
		<3.6	1.77	0.17	0.071 8 (0.006)
	西部	>4.3	5.64	0.43	0.051 9*** (0.041)
		<4.3	1.95	0.17	0.047 8 (0.006)

注:***、**和*分别表示在 1%、5%和 10%的水平下显著,括号里为标准误。

(2)组群收入水平与规模差异因素分析

根据上述对各区域收入分布状况的分析,能够发现区域收入分布差异对文化消费需求的影响主要体现在组群收入水平与人群规模差异。因此,本章将收入分布差异对家庭文化消费需求效应的影响分解为"水平差异"与"规模差异"分别产生的作用。具体表现为:当其他因素不变时,仅中、西部不同消费层次组群平均收入水平变化时对其消费需求影响,即当其消费组群平均收入达到东部该层次消费组群平均收入水平时带来的冲击,即"水平差异"所产生的消费效应;以及仅当该消费层次人群规模变化对中、西部区域家庭文化消费需求的影响,意味着当其他因素不变时,仅当其收入组群规模比例达到东部该组群规模比例水平时,"规模差异"所产生的消费效应。根据前文分析,地区间消费组群收入水平与组群规模的差异既显现了地区间文化消费总量的差距,又揭示了地区间文化消费需求结构比例的差距。

表 6.9 分别给出了东部与中、西部城镇居民文化消费组群的收入水平差异与组群规模差异对其需求的影响。由于 2013 年东部演化出的中间文化消费组群边际消费倾向不显著,但其平均消费均值高于中、西部地区高层次组群消费均值,因此本章将东部消费中间组群纳入东部高消费组群之中,以便于进行地区间收入水平与组群规模的对比。分析结果表明,东部高层次文化消费组群平均收入水平与组群规模比例均高于其他地区,相比之下其低层次文化消费组群规模比例较低,文化消费需求结构更为合理。其次,对于中、西部区域高层次家庭文化消费而言,"规模差异"对其作用最强;而对于低层次文化消费效应,"水平差异"影响显著。由此可以推论尽管中、西部区域高收入组群数量较少,但其文化消费门限阈值较低,收入水平一旦得到提高,会释放巨大的文化产品及服务消费潜力。能够发现这种组群平均收入水平与组群规模比例的差异对其文化市场发展的差别演变具有显著影响,继而很好地解释了收入水平差距、收入组群的区域分布失衡是造成文化消费水平偏低、文化消费市场升级缓慢的重要原因。

表 6.9　地区间文化消费组群效应差异分析

区域对比	东部与中部				东部与西部			
年份	2007 年		2013 年		2007 年		2013 年	
差异类型	水平差异	规模差异	水平差异	规模差异	水平差异	规模差异	水平差异	规模差异
高	0.73	2.39	0.70	1.83	1.00	1.37	0.61	2.89
低	0.98	0.21	0.47	0.22	0.99	0.48	0.53	0.17

6.4　本章小结

地区间收入水平差距与收入组群区域分布不均衡使得文化消费水平与文化消费市场规模处于较低水平。本章基于微观家庭调查数据 CHIP,在收入分布差异视角下对居民收入对文化消费的门限效应及文化消费需求状态进行了分析。实证结果表明:第一,居民收入对文化消费的影响体现出非线性特征,东部城镇居民文化消费的收入门槛水平与数量均高于中、西部地区,证明东部居民具有更为丰富的文化消费偏好与层次。第二,根据消费市场演化规律,目前高收入居民的文化消费边际消费倾向最高,表示中国文化消费市场处于起步阶段,需求程度将会从高收入群体向低收入群体逐步扩散。但是收入水平偏低依旧是制约中、低收入群体文化消费最显著的因素,只有突破收入门槛限制,才能达到文化消费升级。第三,结合现实状况,并根据地区间收入水平与组群规模差异的测算结果,能够推论在文化消费市场规模方面,高收入组群主要集中于东部地区,但部分高收入群体的收入水平在东部高消费门限阈值以下,减弱了这部分群体的购买能力,如果收入水平未达到显著的突变水平,即使收入增幅快、高收入组群不断扩大,文化消费支出依然不能得到大幅度提高;对于中、西部地区而言,尽管门限阈值水平较低,但较少的高收入组群规模却制约了文化消费市场的发展。然而,当其居民收入一旦突破门槛值,根据 CHIP 数据测算出文化消费增幅可高达约 $100\% \sim 150\%$,蕴藏了巨大的消费潜力。

本章发现尽管中国文化消费市场处于起步阶段,但是地区间、消费组群间的收入水平差距与收入组群的区域分布不平衡同时限制了文化消费市场的发展。因此,提高中、低收入群体的收入水平、平衡收入组群的区域分布,能够激发潜在的文化消费需求,从而促进文化消费升级,使文化需求结构比例更为优化,有效地扩大内需;其次,"十九大"报告明确指出要在中、高端消费领域培育新增长点、形成新动能。在促进区域经济协调发展的同时,应关注文化消费市场中产品与服务设计的多样性与层次性,有针对性地满足不同消费组群文化消费需求,增强教育文娱产品与服务的购买能力,对下一步经济增长动能转换将起到促进作用。

第7章　结　　论

　　现阶段中国经济正处于由高速增长向高质量增长转型的关键时期,面对国际市场需求紧缩、贸易不确定性增强、产能结构亟需调整等诸多问题,如何有效地增强经济增长内生动力十分关键。从需求角度来看,随着居民收入水平提升,消费需求逐渐加大,消费结构不断优化,居民消费意愿从追求数量向追求质量转变。虽然改革开放以来居民整体消费水平大幅度提升,但仍存在不平衡不充分的发展导致的消费需求不足、消费升级缓慢、地区间消费不均衡等现实矛盾,这同时阻碍了扩大内需对经济增长的推动作用。从供给角度来看,目的供给结构对需求结构适应性不强,不能够充分地满足消费者个性化、多样化的消费需求,并且存在中、高端商品供给不足,低端商品供给过剩的问题,这导致了供需错位,重大结构性失衡的突出矛盾。由此,如何在客观现实矛盾背景下寻找新的供需均衡状态,就需要同居民收入增长与消费需求的演化联系起来。

　　基于对现实问题的思考,本书借鉴国内外相关研究,按照"区域经济发展不平衡—居民收入分布差异—消费需求区域非均衡演变—居民消费结构优化区域差异—新兴消费市场发展的区域异质性"这一研究逻辑主线,在收入增长背景下以收入不平等、收入分布结构不平衡等收入分布差异特征为切入点,逐层递进地具体剖析现阶段中国城镇居民消费需求演变特征,以期为培育消费新动能提供参考,为供给侧结构适应性调整提供依据。主要研究结论总结如下:

　　第一,结合相关国内外经典理论与研究基础,对区域收入分布差异的消费效应理论内涵进行了阐明,以具体分析收入分布差异与区域消费需求内在关联机制,并对收入分布差异的个体消费效应与消费市场效应背后深层次的含义予以剖析。

　　基于理论层面的分析,虽然现代经典消费理论对收入与消费的关系做出了严密阐释,但是其相关理论的应用需要与实际情况结合起来,更需要不断完善与改进以适应现实状况的变化。本书在现代经典消费理论证据支持下,从收入分布角度对现阶段中国城镇居民消费演变特征予以研究,充分考虑了地区间不均衡发展带来的区域收入分布差异的问题。在对消费需求演变的研究中,既需要考虑区域间居民收入分配差距的作用,也需要考虑分布结构特征的影响。在市场机制作用下,区域收入分布差异会诱发各地区居民消费偏好与层次的差异化演变,从而导致地区间消费需求不均衡的情况。首先,在整体需求变化的同时,需要考虑不同收入分布状态的个体禀赋特征与消费行为差异。结合相对收入假说理论,由于个体消费行为不仅受到个体收入水平作用,也受到周围人群平均收入与消费水平的作用。因此不同的收入分布状态会对个体消费行为产生影响,从而作用于居民消费结构的演变。其次,在异质性偏好假设下,各区域差异的收入分布状态会通过影响不同收入群体的消费偏好最终作用于消费市场的发展。收入分布对消费需求的影响具体体现在两个方面:一方面收入分布的位置决定了整体消费水平,而另一方面收入分布的形态决定了消费组群规模,在两者共同作用下,各类商品消费市场会呈现区域非均衡发展趋势。

第二,为刻画地区间收入分布差异的特征,利用局部自相关方法对城镇居民收入水平空间集聚形式进行了描绘,进一步通过非参数核密度估计方法并分别选取 CHIP 与 CFPS 数据拟合出了城镇居民收入分布变迁趋势,在此基础上最终得到区域收入分布差异的分解结果。

收入分布的多维分解与测度结果表明:中国城镇居民收入水平呈现出东、中、西三个区域的空间集聚特征,具体表现为东部的高收入集聚特征与中、西部的低收入集聚特征,说明 2000 年以来居民收入水平空间关联性较强,区域间居民收入水平具有明显差距。进一步,就城镇居民收入分布变迁拟合结果来看,城镇居民收入分布总体上具有峰值左偏的特点,且东部地区分布峰值较低,中、西部地区分布峰值较高,意味着目前不同收入水平的组群规模在地区上显现出差异。同时,收入分布变迁具有"厚尾"变化且峰值右偏的演变趋势,表明城镇居民整体收入水平得到提升,高收入群体规模逐渐扩张,但是整体收入水平提高的同时,居民收入差距扩大,分配不均衡状况加深。通过构造反事实分布,能够分别将东部与中、西部的收入分布差异分解为两部分:一部分是收入分布位置不同所形成的收入水平差距,称之为"均值差距";另一部分是收入分布尺度与形态不同所导致的组群密度差距,称之为"分配差距"。从根据两种分解指标构造的反事实分布变迁趋势来看,"均值差距"主要作用于中等收入以下群体,而"分配差距"主要作用于中等收入以上群体,这说明了地区间中等收入以下群体差异主要体现为收入水平的差距,而中等收入以上群体差异则主要体现为组群规模的差距。由于不同群体的收入增长幅度与组群规模变化速度均存在差别,"分配差距"对区域间收入分布不平衡的影响程度增强。由此,根据对收入分布差异的分解与测度就能够具体地探索其所造成的一系列消费效应结果。

第三，根据区域收入分布差异的研究结果，可以对其所诱发的消费不平等效应予以具体分析，以实证检验收入分布差异与区域消费需求的内在关联机制。

首先，应用 CHIP 数据对城镇居民区域消费分布差距特征进行了刻画，无条件分位数回归结果显示东部与中部间高层次的消费差距扩大，而低层次到中高层次的消费差距缩小；东部与西部间中端消费层次以下消费差距减弱，而中端消费层次以上消费差距增强。基于再中心化影响函数（RIF）对不同层次消费差距的分解结果，同样显示收入差距对消费需求的影响在整个分布中均存在，随着消费水平上升，收入差距的直接作用效果减弱，异质性消费倾向的影响程度上升。其次，就收入分布差异对区域间居民消费不平等的影响而言，主要通过收入分布的"均值差距"与"分配差距"两种途径，前者直接作用于区域间不同群体的消费差距，后者则通过影响居民消费倾向间接作用于其消费差距。伴随收入水平上升，分布格局差异所代表的"分配差距"对中、高端消费不平等具有更显著的影响。这意味着地区间整体收入水平的差距制约了居民最终消费，收入分布结构不同造成的消费组群规模差距通过对消费倾向的影响限制了中、高端消费潜力的释放。

第四，在区域收入分布差异的消费不平等效应研究基础上，进一步探究收入分布差异对家庭消费结构优化的影响，以此实证检验收入分布差异的个体消费效应的作用机理。

基于空间杜宾模型（SDM）的定量分析结果，城镇居民家庭消费结构优化具有明显的空间依赖性与空间溢出效应。空间依赖性具体表现为生存型消费和发展与享受型消费显著的空间集聚性特征。进入消费型模式后，排除价格弹性的影响，东部城镇居民更加倾向于交通通信、医疗保健与文教娱乐等发展与享受型消费项目，中、西部城镇居民依然对食品、衣着、家庭设备与服务等生存型消费项目具有较强偏好。空间溢出效应显示就未来发展而言，东部地区城镇居民消费行为将对中、西部居民起到示范作用的影响。从微观角度来看，基于 CFPS 数据结合改进的 ELES 模型对收入分布差异与家庭消费结构的关系予以检验，其结果显示现阶段收入分布差异对地区间城镇居民发展与享受型消费需求差距的作用更为显著。在跨越基本生存需求之后，城镇居民逐渐开始关注教育、文化、服务等发展与享受型消费项目，但地区间整体收入水平差距导致了家庭消费结构优化出现差异。对于地区间低收入群体家庭消费结构差异，收入水平差距对其具有较强的冲击。对于地区间中等收入群体而言，收入水平差距的作用程度逐渐减弱，组群规模差距开始对其消费结构优化差异产生巨大的影响。由此,在家庭消费结构优化过程中,既需要合理地缩小地区间收入差距,平衡收入组群区域分布,又需要关注交通通信、医疗保健、文教娱乐等发展与享受型消费产品市场的发展,以实现家庭消费结构优化演变。

第五,最终利用 CHIP 数据结合门限回归模型对基于区域收入分布差异的代表性新兴消费市场升级进行研究,即实证检验收入分布差异的消费市场效应作用机理。通过探索各地区居民收入水平对文化消费这一代表性新兴消费需求的非线性作用特征,以及区域收入分布差异对其新兴消费市场不同层次需求的影响,以对新兴消费市场升级条件予以解析。

从消费市场演化规律来看,由于目前高收入群体的文化消费边际消费倾向依然高于其他组群,意味着文化消费市场仍处于起步阶段,收入水平与中、高收入组群规模对该市场的发展起到关键性作用。根据各地区收入水平对文化消费需求非线性作用特征的结果,收入门限阈值将居民文化消费划分为了不同层次,只有突破收入门槛限制,才能推动文化消费升级。其中,东部城镇居民文化消费收入门槛水平与数量均高于中、西部地区,表明该地区城镇居民具有更为丰富的文化消费偏好与层次。从组群规模来看,虽然高收入组群主要集中在东部地区,但相对较高的文化消费收入门限阈值减弱了这部分人群的购买力。如果不能突破收入门槛,即使收入增长速度快,中、高收入组群规模扩大,中、高端文化消费市场需求依然不能大幅度提升。尽管中、西部地区的收入门限阈值较低,然而有限的中、高收入组群规模却同样制约了其文化消费市场向高质量发展。

基于上述研究结果,本书针对如何充分释放消费潜力、如何推动消费结构转型升级以推动供给结构适应性发展提出如下相关启示与政策建议:

首先,中国区域非均衡发展战略政策效果的长期累积拉大了地区间居民整体收入水平差距,同时也导致了收入组群区域分布不均衡。一方面整体收入水平的差距对居民最终消费需求产生抑制,另一方面收入组群规模的差异对居民整体消费结构升级具有显著的影响。消费需求与消费结构升级同居民收入水平有着密切的联系,释放居民消费潜力,最重要的是提高居民收入水平,合理缩小收入差距。在收入差距扩大作用下,居民面临的流动性约束、收入与消费不确定性风险加大,"居安思危"的传统观念促使其预防性储蓄动机增强,这尤其降低了中等收入以下家庭消费的意愿。由此,应当提高居民收入水平,合理地缩小地区内与地区间的居民收入差距,完善信贷市场,以改善居民消费意愿,增强居民消费能力。在提高收入水平的同时,也需要平衡收入组群的区域分布,适当地扩大各地区中、高收入组群规模,不断地减少贫困人口数量,以形成"橄榄型"的收入分布结构,从而成为推动居民消费结构优化与消费市场升级的有效动力。

其次，从供给结构来看，存在供给与需求不匹配的问题。中、高端商品供给主要集中于东部等高收入地区，低端商品供给则主要集中于中、西部等低收入地区。不同档次商品的供给结构难以满足中、西部地区居民日益增长的具有更高要求的消费需要，消费潜力难以释放。这就导致了中、高端商品供给不足，低端商品供给过剩的供需匹配失衡的结构性矛盾。因此，应当在适应居民个性化、异质性的消费需求偏好演化基础上，对供给侧结构进行调整。这不仅有利于各收入层次居民寻求到与其消费需求匹配的商品与服务，而且有助于发挥需求结构升级对产业结构优化的推动作用。

对中国居民消费需求演变特征的把握尤为关键，其涵盖内容与范围非常广泛，本书的研究仅从"收入分布"这一角度出发，基于区域发展不均衡的现实背景，重点对区域收入分布差异所引致的消费需求特征进行了深入的探究，以提供相关的启示。就未来相关研究发展而言，对中国居民消费需求演变的分析仍需要更为广泛的探讨，有待进一步深层次的探索。

参考文献

[1]Abel A B. Asset Prices under Habit Formation and Catching up with the Joneses[J]. American Economic Review,1990,80(2):38-42.

[2] Aguiar M, Bils M. Has Consumption Inequality Mirrored Income Inequality? [J]. American Economic Review,2015,105(9):2725-2756.

[3]Ahmad I A,Ran I S. Data Based Bandwidth Selection in Kernel Density Estimation with Parametric Start via Kernel Contrasts[J]. Journal of Nonparametric Statistics,2004,16(6):841-877.

[4] Amoroso L. Ricerche Intorno alla Curva dei Redditi [J]. Annali Di Matematica Pure Ed Applicata,1925,2(1):123-159.

[5]Ando A,Modigliani F. The Life-cycle Hypothesis of Saving:Aggregate Implications and Tests[J]. The American Economic Review,1963,53(1): 55-84.

[6]Anselin L. Lagrange Multiplier Test Diagnostics for Spatial Dependence and Spatial Heterogeneity[J]. Geographical Analysis,1988,20(1):1-17.

[7]Appleton S,Song L. Life Satisfaction in Urban China:Components and Determinants[J]. World Development,2008,36(11):2325-2340.

[8] Atkinson A B. The Changing Distribution of Income: Evidence and Explanations[J]. German Economic Review,2000,1(1):3-18.

[9]Attanasio O P. Consumer Durables and Inertial Behavior:Estimation and Aggregation of (S,s) Rules for Automobile Purchases[J]. Review of Economic Studies,2000,67(4):667-696.

[10]AttanasioO P,Pistaferri L. Consumption Inequality[J]. Journal of Economic Perspectives,2016,30(2):3-28.

[11] Baker P, Blundell R, Micklewright J. Modelling Household Energy Expenditures Using Micro-Data [J]. Economics Journal,1989,99(397): 720-738.

[12]Banks J,Blundell R,Lewbel A. Quadratic Engel Curves and Consumer Demand[J]. Review of Economics and statistics,1997,79(4):527-539.

[13]Banerjee A，Yakovenko V M，Di Matteo T. A Study of the Personal Income Distribution in Australia[J]. Physica A：Statistical Mechanics and Its Applications，2006，370(1)：54-59.

[14]Bertola G L，Guiso L Pistaferri. Uncertainty and Consumer Durables Adjustment[J]. Review of Economic Studies，2005，72(4)：973-1007.

[15]Bihagen E，Katz T. Culture Consumption in Sweden：The Stability of Gender Differences[J]. Poetics，2000，27(5)：327-349.

[16]Bin P，Fracasso A. Regional Consumption Inequality in China：An Oaxaca-Blinder Decomposition at the Prefectural Level[J]. Growth and Change，2017，48(3)：459-486.

[17]Blanciforti L，Green R. An Almost Ideal Demand System Incorporating Habits：An Analysis of Expenditures on Food and Aggregate Commodity Groups[J]. The Review of Economics and Statistics，1983，65(3)：511-515.

[18]Blinder A S. A Model of Inherited Wealth[J]. The Quarterly Journal of Economics，1973，87(4)：608-626.

[19]Blinder A S. DistributionEffects and the Aggregate Consumption Function[J]. The Journal of Political Economy，1975：447-475.

[20]Blinder A S. The Relationship Between Distribution Effects and the Consumption[J]. The Journal of Political Economy，2002，132（3）：447-476.

[21]Blundell R，Pashardes P，Weber G. What do We Learn about Consumer Demand Patterns from Micro Data？[J]. American Economic Review，1993，83(3)：570-597.

[22]Blundell R，Pistaferri L，Preston I. Consumption Inequality and Partial Insurance[J]. American Economic Review，2008，98(5)：1887-192.

[23]Bowman A. An Alternative Method of Cross-validation for the Smoothing of Density Estimates[J]. Biometrika，1984(71)：353-360.

[24]Bourguignon，Francois，Ferreira，et al. Inequality of Opportunity in Brazil（vol 53，pg 585，2007）[J]. Review of Income & Wealth，2013，59(3)：551-555.

[25]Brandt L，Holz C A. Spatial Price Differences in China：Estimates and Implications[J]. Economic Development and Cultural Change，2006，55(1)：43-86.

［26］Brems H. Long-run Automobile Demand［J］. The Journal of Marketing, 1956,20(4):379-384.

［27］Burkhauser R V,Crews A D,Daly M C,et al. Testing the Significance of Income Distribution Changes over the 1980s Business Cycle:A Cross-national Comparison［J］. Journal of Applied Econometrics,1999,14(3): 253-272.

［28］Burney N A,Akmal M. Food Demand in Pakistan:An Application of the Extended Linear Expenditure System［J］. Journal of Agricultural Economics,1991,42(2):185-195.

［29］Caballero R J. Consumption Puzzles and Precautionary Saving［J］. Journal of Monetary Economics,1990,25:113-136.

［30］Cai H,Chen Y,Zhou L A. Income and Consumption Inequality in Urban China:1992 — 2003［J］. Economic Development and Cultural Change, 2010,58(3):385-413.

［31］Cambell J Y,Deaton A S. Why is Consumption So Smooth［J］. Review of Economic Study,1989,56:357-373.

［32］Campbell J Y,Mankiw N G. The Response of Consumption to Income: A Cross-country Investigation［J］. European economic review,1991,35 (4):723-756.

［33］Caner M,Hansen B E. Instrumental Variable Estimation of a Threshold Model［J］. Econometric Theory,2004,20(5):813-843.

［34］Carroll C D. Buffer-stockSaving and the Life Cycle/permanent Income Hypothesis［J］. The Quarterly Journal of Economics, 1997, 112 (1): 1-55.

［35］C. Cindy Fan,Mingjie Sun. Regional Inequality in China,1978 — 2006 ［J］. Eurasian Geography & Economics,2008,49(1):1-18.

［36］Chan K S,Tong H. On Estimating Thresholds in Autoregressive Models ［J］. Journal of time series analysis,1986,7(3):179-190.

［37］Chan K S, Tong H. On Likelihood Ratio Tests for Threshold Autoregression［J］. Journal of the Royal Statistical Society. Series B (Methodological),1990:469-476.

［38］Chan K S. Consistency and Limiting Distribution of the Least Squares Estimator of a Threshold Autoregressive Model［J］. The Annals of Statistics,1993,21,520-533.

[39]Chernozhukov V,Hansen C. The Effects of 401 (k) Participation on the Wealth Distribution:an Instrumental Quantile Regression Analysis[J]. Review of Economics and Statistics,2004,86(3):735-751.

[40]Clark A E,Oswald A J. Satisfaction and Comparison Income[J]. Journal of Public Economics,1996,61(3):359-381.

[41] Colin O. Wu. Kernel Smoothing of the Nonparametric Maximum Likelihood Estimation for biased Sampling Models[J]. Math Methods Statist,1996,5:275-298.

[42] Cowell F A. Measurement of Inequality[J]. Handbook of Income Distribution,2000(1):87-166.

[43]Cragg J G,Uhler R S. The Demand for Automobiles[J]. The Canadian Journal of Economics,1970,3(3):386-406.

[44]Cramer J S. A Statistical Model of the Ownership of Major Consumer Durables[M]. Cambridge:Cambridge University Press,1962.

[45]Cutler D M,Katz L F. Rising Inequality? Changes in the Distribution of Income and Consumption in the 1980s[R]. National Bureau of Economic Research,1992.

[46]Dagum C. A New Approach to the Decomposition of the Gini Income Inequality Ratio[J]. Empirical Economics,1997,22(4):515-531.

[47]Dagum C. A New Model for Personal Income Distribution:Specification and Estimation[J]. Economie Appliquée,1977,30(3):413-437.

[48]Dagum C. Income Distribution Models[A]. S Kotz,N L Johnson,and C Read (eds.). Encyclopedia of Statistical Science [M]. New York:John Wiley,1983.

[49]Deaton A,Muellbauer J. An Almost Ideal Demand System [J]. The American Economic Review,1980,70(3):312-326.

[50]Deaton A. Panel Data from Time Series of Cross-sections[J]. Journal of Econometrics,1985,30(1):109-126.

[51]Deaton A. Saving and Liquidity Constraints[J]. Econometrica,1991,59 (5):1221-1248.

[52]Deaton A,Paxson C. Intertemporal Choice and Inequality[J]. Journal of Political Economy,1994,102(3):437-467.

[53]Deaton A. The Analysis of Household Surveys:A Micro-econometric Approach to Development Policy [M]. Baltimore and London:Johns

Hopkins University Press,1997.

[54]Delforce J. Using the Almost Ideal Demand System to Model Household Expenditure [J]. University of New England South Pacific Smallholder Project,1989,7:40-41.

[55]Dempster A P, Laird N M, Rubin D B. Maximum Likelihood from Incomplete Data via the EM Algorithm[J]. Journal of the Royal Statistical Society,1977,39(1):1-38.

[56]Diewert W E. Exact and Superlative Index Numbers[J]. Journal of Econometrics,1976,4(2):115-145.

[57] DiNardo J, Tobias J L. Nonparametric Density and Regression Estimation[J]. Journal of Economic Perspectives,2001,15(4):11-28.

[58] Dong D, Capps Jr O. Impacts Of Income Distribution On Market Demand[C]//1998 Annual meeting, August 2-5, Salt Lake City, UT. American Agricultural Economics Association (New Name 2008: Agricultural and Applied Economics Association),1998 (20996).

[59]Duesenberry J S. Income Saving and the Theory[M]. Harvard University Press,1949.

[60] Ebert U. Measures of Distance between Income Distributions[J]. Journal of Economic Theory,1984,32(2):266-274.

[61]Elhorst J P. Applied Spatial Econometrics:Raising the Bar[J]. Spatial Economic Analysis,2010,5(1):9-28.

[62] Elhorst J P. Spatial Panel Data Models[M]//Spatial Econometrics. Springer,Berlin,Heidelberg,2014:37-93.

[63]Elhorst J P. Dynamic Panels with Endogenous Interaction Effects when T is Small[J]. Regional Science and Urban Economics,2010,40(5):272-282.

[64]Feldstein M. Social Security and Saving:the Extended Life Cycle Theory [J]. The American Economic Review,1976,66(2):77-86.

[65]Fingleton B, Le Gallo J. Estimating Spatial Models with Endogenous Variables, A Spatial Lag and Spatially Dependent Disturbances:Finite Sample Properties[J]. Papers in Regional Science,2008,87(3):319-339.

[66]Fisher J D, Marchand J T. Does the Retirement Consumption Puzzle Differ Across the Distribution? [J]. The Journal of Economic Inequality,2014,12(2):279-296.

[67]Firpo S,Fortin N M,Lemieux T. Unconditional Quantile Regressions [J]. Econometrica,2009,77(3):953-973.

[68]Firpo S P,Fortin N M,Lemieux T. Decomposing Wage Distributions Using Recentered Influence Function Regressions[J]. Econometrics, 2018,6(2):28.

[69]Flavin M A. The Excess Smoothness of Consumption:Identification and Estimation[J]. Review of Economic Studies,1993,60:651-666.

[70]Foster J E,Wolfson M C. Erratum to:Polarization and the Decline of the Middle Class:Canada and the U. S [J]. Journal of Economic Inequality, 2014,12(3):435-437.

[71]Frank R H. The Demand for Unobservable and Other Nonpositional Goods[J]. American Economic Review,1985,75(1):101-116.

[72]Friedman M. A Theory of the Consumption Function[M]. Princeton: Princeton University Press,1957.

[73]Frölich M,Melly B. Unconditional Quantile Treatment Effects Under Endogeneity[R]. IZA Discussion Papers,2008.

[74]Frölich M,Melly B. Unconditional Quantile Treatment Effects Under Endogeneity[J]. Journal of Business & Economic Statistics,2013,31 (3):346-357.

[75]Garner,Thesia I. Consumer Expenditures and Inequality:An Analysis Based on Decomposition of the Gini Coefficient[J],Review of Economics & Statistics,1993,75(1):134-138.

[76]Gibrat R. Les inégalités économiques[M]. Recueil Sirey,1931.

[77] Giles J, K Yoo. Precautionary Behavior, Migrant Networks and Household Consumption Decisions: An Empirical Analysis Using Household Panel Data from Rural China[J]. The Review of Economics and Statistics,2007,89(3):534-551.

[78]Girma S. A Quasi-differencing Approach to Dynamic Modelling from a Time Series of Independent Cross-sections[J]. Journal of Econometrics, 2000,98(2):365-383.

[79]Gorman W M. Separable Utility and Aggregation [J]. Econometrica, 1959,27(3):469-481.

[80]Gosling A,Machin S,Meghir C. What Has Happened to Men's Wages since the Mid-1960s? [J]. Fiscal Studies,1994,15(4):63-87.

[81]Green R,Alston J. Elasticities in AIDS Models [J]. American Journal of Agricultural Economics,1990,72:442-445.

[82]Grossman S,Laroque G. Asset Pricing and Optimal Portfolio Choice in the Presence of Illiquid Durable Consumption Goods[J]. Econometrica, 1990,58(1):25-51.

[83] Hall P, Marron J S, Park B V. Smoothed Cross-Validation [J]. Probability Theory and Related Fields,1992,92(1):1-20.

[84]Hall R E. Stochastic Implications of the Life Cycle-Permanent Income Hypothesis:Theory and Evidence[J]. The Journal of Political Economy, 1978,86(6):971-987.

[85]Halleck Vega S,Elhorst J P. The SLX model[J]. Journal of Regional Science,2015,55(3):339-363.

[86]Handcock M S,Morris M. Relative Distribution Methods in the Social Sciences[M]. Berlin:Springer Science & Business Meida,2006:15-38.

[87] Handcock M S, Morris M. Relative Distribution Methods [J]. Sociological Methodology,2010,28(1):53-97.

[88]Hannan E J. Principles of Econometrics[J]. Technometrics,1973,15 (1):195-196.

[89]Hansen B E. Inference When a Nuisance Parameter is Not Identified under the Null Hypothesis[J]. Econometrica,1996,64,413-430.

[90] Hansen B E. Inference in TAR models [J]. Studies in Nonlinear Dynamics and Econometrics,1997,2(1):1-14.

[91]Hansen B E. Threshold Effects in Non-Dynamic Panels:Estimation, Testing,and Inference[J]. Journal of Econometrics,1999,93,345-386.

[92] Hansen B E. Sample Splitting and Threshold Estimation [J]. Econometrica,2000,68,575-603.

[93]Hansen B E,Seo B. Testing forTwo-regime Threshold Cointegration in Vector Error-correction Models[J]. Journal of Econometrics,2002,110 (2):293-318.

[94]Hansen H. New Developments in Fruit and Vegetables Consumption in the Period 1999 — 2004 in Denmark-A Quantile Regression Approach [R]. European Association of Agricultural Economists in Its Series 2008 International Congress,Belgium,2008.

[95]Hardle W,Linton O. Applied Nonparametric Methods[J]. Handbook of

Econometrics,1994,4,2295-2339.

[96] Heien D M. Demographic Effects and the Multiperiod Consumption Function[J]. Journal of Political Economy,1972,80(1):125-38.

[97] Hyslop D, Maré D. Understanding Changes in the Distribution of Household Incomes in New Zealand between 1983-86 and 1995-98[R]. New Zealand Treasury,2001.

[98]Ibrahim A Ahmad,Yanqin Fan. Optimal Bandwidth for Kernel Density Estimators of Functions of Observations[J]. Statistics & Probability Letters,2005,51(3):245-251.

[99] Isard W. The General Theory of Location and Space-Economy[J]. Quarterly Journal of Economics,1949,63(4):476-506.

[100]Jaynes E T. Information Theory and Statistical Mechanics[J]. Physical Review,1957,106(4):620-630.

[101] Jenkins S P. Accounting for Inequality Trends: Decomposition Analyses for the UK,1971-86[J]. Economica,1995:29-63.

[102]Jenkins S P,Van Kerm P. Accounting for Income Distribution Trends: A Density Function Decomposition Approach[J]. Journal of Economic Inequality,2005,(3):43-61.

[103]Jenkins S P,Van Kerm P. Assessing Individual Income Growth[J]. Economica,2016,83(332):679-703.

[104]Jones E,Mustiful B W. Purchasing Behaviour of Higher-and Lower-income Shoppers:A Look at Breakfast Cereals[J]. Applied Economics, 1996,28(1):131-137.

[105]Kakwani N. On a Class of Poverty Measures[J]. Econometrica,1980, 48(2):437-446.

[106]Kalecki M. On the Gibrat Distribution[J]. Econometrica:Journal of the Econometric Society,1945:161-170.

[107]Keynes J M. The General Theory of Employment,Interest and Money [M]. New York,1936.

[108]Koenker R,Bassett G. Regression Quantiles[J]. Econometrica. 1978,46 (1):33-50.

[109]Koenker R,Machado J A F. Goodness of Fit and Related Inference Processes for Quantile Regression [J]. Journal of the American Statistical Association,1999,94(448):1296-1310.

[110]Koenker R. Quantile Regression for Longitudinal Data[J]. Journal of Multivariate Analysis,2004,91(1):74-89.

[111]Koenker R. Quantile regression[M]. Cambridge University Press,2005.

[112]Koenker,R.,Kevin F. Hallock,Quantile Regression[J]. The Journal of Economic Perspectives,2001,15(4):143-156.

[113]Kremer S,Bick A,Nautz D. Inflation and Growth:New Evidence from a Dynamic Panel Threshold Analysis[J]. Empirical Economics,2013,44 (2):861-878.

[114]Krueger D,Perri F. Does Income Inequality Lead to Consumption Inequality? Evidence and Theory[J]. The Review of Economic Studies, 2006,73(1):163-193.

[115]Krugman P. Increasing Returns and Economic Geography[J]. Journal of Political Economy,1991,99(3):483-499.

[116]Kuznets S. Uses of National Income in Peace and War[J]. Inorganic Chemistry,1942,26(23):3860-3863.

[117]Lambert R. Larue B. Yelou C. Criner G. Fish and Meat Demand in Cannada:Regional Differences and Weak[J]. Agribusiness,2006,22 (2):175-199.

[118]Leland H E. Saving and uncertainty:The Precautionary Demand for Saving[J]. The Quarterly Journal of Economics,1968,82(3):465-473.

[119]Lemieux T. The Changing Nature of Wage Inequality[J]. Journal of Population Economics,2008,21(1):21-48.

[120]Lerman R I,Yitzhaki S. Income Inequality Effects by Income Source:A New Approach and Applications to the United States[J]. The Review of Economics and Statistics,1985:151-156.

[121] LeSage J,Pace R K. Introduction to Spatial Econometrics[M]. Chapman and Hall/CRC,2009.

[122]Leser C. Forms of Engel Functions[J]. Econometrica,1963,31(4):694-703.

[123]Li H,Zou H. IncomeInequality is not Harmful for Growth:Theory and Evidence[J]. Review of Development Economics,1998,2(3):318-334.

[124] Lluch C,Williams R. Consumer Demand Systems and Aggregate Consumption in the USA:An Application of the Extended Linear Expenditure System[J]. Canadian Journal of Economics,1975,8(1):

49-66.

[125]Lluch C,Williams R. Cross Country Demand and Savings Patterns:An Application of the Extended Linear Expenditure System[J]. The Review of Economics and Statistics,1975,8:320-328.

[126]Lluch C. The Extended Linear Expenditure System[J]. European Economic Review,1973,4(1):21-32.

[127]Ludwig A,Sløk T. The Relationship between Stock Prices,House Prices and Consumption in OECD Countries[J]. Topics in Macroeconomics, 2004, 4 (1).

[128]Luttmer E F P. Neighbors as Negatives:Relative Earnings and Well-Being[J]. Nber Working Papers,2005,120(3):963-1002.

[129]Machado J, Mata J. Counterfactual Decomposition of Changes in Wage Distributions Using Quantitle Regression. Journal of Applied Econometrics. 2005,20:445-465.

[130]Manski C F. Identification Problems in the Social Sciences[M]. Harvard University Press,1995.

[131]Maskin E,Riley J. Monopoly with Incomplete Information[J]. Rand Journal of Economics,1984,15(2):171-196.

[132]Martin Ravallion, Shaohua Chen. Measuring Pro-poor Growth [J]. Economics Letters,2001,78(1):93-99.

[133]Massari R,Pittau M G,ZelliR. A Dwindling Middle Class? Italian Evidence in the 2000s[J]. Journal of Economic Inequality,2009,7(4): 333-350.

[134]McDonald J B,Ransom M R. Functional Forms,Estimation Techniques and the Distribution of Income[J]. Econometrica:Journal of the Econometric Society,1979:1513-1525.

[135]McDonald J B. Some Generalized Functions for the Size Distribution of Income[J]. Econometrica:Journal of the Econometric Society, 1984, 52:647-663.

[136]Mcdonald J B, Xu Y. Some Forecasting Applications of Partially Adaptive Estimators of ARIMA models[J]. Economics Letters,1994, 45(2):155-160.

[137]Melly B. Decomposition of Differences in Distribution using Quantile Regression[J]. Labour Economics,2005,12(4):577-590.

[138]Minoiu,C. Poverty Analysis Based on Kernel Density Estimates from Grouped Data [R]. Working Paper,2006.

[139]Modigliani F, Ando A. The 'Permanent Income' and the 'Life Cycle' Hypothesis of Saving Behavior: Comparison and Tests [C]//Proceedings of the Conference on Consumption and Saving. 1960,2:49-174.

[140]Modigliani F,Brumberg R. Post Keynesian Economics[M]. New Brunswick N J:Rutgers University Press,1954.

[141]Muellbauer J. Community Preferences and the Representative Consumer[J]. Econometrica:Journal of the Econometric Society,1976,44(5):979-999.

[142] Musgrave P. Income Distribution and the Aggregate Consumption Function[J]. Journal of Political Economy,1980,88(3):504-525.

[143]Obayelu A E,Okoruwa V O,Ajani O I Y. Cross-sectional Analysis of Food Demand in the North Central [J]. Nigeria, China Agricultural Economic Review,2009,1(2):173-193.

[144]O'Dea D. The Changes in New Zealand's Income Distribution[R]. New Zealand Treasury,2000.

[145] Pareto V. La Legge Della Domanda [J]. Giornale Degli Economist, 1895,(10):59-68. English translation in Rivista di Politica Economica, 1997,87:691-700.

[146]Parzen E. On Estimation of a Probability Density Function and Mode [J]. Annals of mathematical statistics,1962,33(3):1065-1076.

[147]Pashardes P. Bias in Estimating the Almost Ideal Demand System with the Stone Index Approximation [J]. The Economic Journal,1993,27 (2):387-397.

[148]Paas T,Schlitte F. Regional Income Inequality and Convergence Processes in the EU-25 [R]. HWWA Discussion Paper,2006.

[149] Pearce I F. A Contribution to Demand Analysis [M]. Clarendon Press,1964.

[150]Pittau M G,Zelli R. Testing for Changing Shapes of Income Distribution: Italian Evidence in the 1990s from Kernel Density Estimates[J]. Empirical Economics,2004,29(2):415-430.

[151]Powell D. Unconditional Quantile Regression for Exogenous or Endogenous Treatment Variables[R]. 2011.

[152]Qu Z F,Zhao Z. Urban-rural Consumption Inequality in China from 1988 to

2002：Evidence from Quantile Regression Decomposition[J]. 2008.

[153]Reed W J. On Pareto's Law and the Determinants of Pareto Exponents [J]. Journal of Income Distribution,2004,13：7-17.

[154] Reed W J. The Pareto Law of Incomes-an Explanation and an Extension[J]. Physica A：Statistical Mechanics and its Applications, 2003,319：469-486.

[155] Rey S J,Janikas M V. STARS：Space-Time Analysis of Regional Systems[J]. Geographical Analysis,2006,38(1)：67-86.

[156]Rey S J,Murray A T,Anselin L. Visualizing Regional Income Distribution Dynamics[J]. Letters in Spatial & Resource Sciences,2011,4(1)：81-90.

[157]Ronning G,Schulze N. A Micro-econometric Characterization of Household Consumption Using Quantile Regression [J]. Applied Economics Quarterly, 2004,(4)：183-208.

[158]Rosenblatt M. Remarks onSome Nonparametric Estimates of a Density Function[J]. The Annals of Mathematical Statistics, 1956, 27 (3)： 832-837.

[159] Rudemo M. Empirical Choice of Histograms and Kernel Density Estimators[J]. Scandinavian Journal of Statistics,1982,9：65-78.

[160]Salem A B Z,Mount T D. A Convenient Descriptive Model of Income Distribution：the Gamma Density [J]. Econometrica, 1974, 42 (6)： 1115-1127.

[161]Schader M,Schmid F. Fitting Parametric Lorenz Curves to Grouped Income Distributions-A critical Note[J]. Empirical Economics,1994,19 (3)：361-370.

[162]Shorrocks A,Wan G. Spatial Decomposition of Inequality[J]. Journal of Economic Geography,2005,5(1)：59-81.

[163] Silverman B W. Using Kernel Density Estimates to Investigate Multimodality[J]. Journal of the Royal Statistical Society. Series B (Methodological),1981,43：97-99.

[164] Simmons P. Evidence on the Impact of Income Distribution on Consumer Demand in the UK 1955-68[J]. The Review of Economic Studies,1980,47(5)：893-906.

[165]Singh S K,Maddala G S. A Function for Size Distribution of Incomes[J]. Econometrica：Journal of the Econometric Society,1976,44：963-970.

[166]Singh S K,Maddala G S. A Function for Size Distribution of Incomes [M]//Modeling Income Distributions and Lorenz Curves. Springer New York,2008:27-35.

[167]Singh S K,Maddala G S. A Function for the Size Distribution of Incomes[J]. Econometrica,1976,44:963-970.

[168]Stiglitz J E. Distribution of Income and Wealth among Individuals[J]. Econometrica:Journal of the Econometric Society, 1969, 37 (3): 382-397.

[169]Son H H. A Note on Pro-poor Growth[J]. Economics Letters,2004,82 (3):307-314.

[170]Stockhammer E. Rising Inequality as a Cause of the Present Crisis[J]. Cambridge Journal of Economics,2015,39(3):935-958.

[171]Stoker T M. Empirical Approaches to the Problem of Aggregation over Individuals[J]. Journal of Economic Literature,1993,31:1827-1874.

[172]Stoker T M. Simple Tests of Distributional Effects on Macroeconomic Equations[J]. The Journal of Political Economy,1986,94(4):763-795.

[173]Stone R. Linear Expenditure Systems and Demand Analysis:an Application to the Pattern of British demand[J]. The Economic Journal,1954,64(9): 511-527.

[174]Storchmann K. Long-run Gasoline Demand for Passenger Cars:the Role of Income Distribution[J]. Energy Economics,2005,27(1):25-58.

[175]Suruga T. Functional Forms of Income Distribution:The Case of Yearly Income Groups. Annual Report on the Family Income and Expenditure Survey[J]. Economic Studies Quarterly-Journal of the Japan Association of Economics and Econometrics,April,1982:361-395.

[176]Taillie C. Lorenz Ordering within the Generalized Gamma Family of Income Distributions[J]. Statistical Distributions in Scientific Work, 1981,6:181-192.

[177]Theil H. Principles of Econometrics[M]. New York:North Holland Press,1971.

[178]Theil H. The Information Approach to Demand Analysis[J]. Econometrica, 1965,33(1):67-87.

[179]Thomas S. Stoker,Simple Tests of Distributional Effects on Macroeconomic Equations[J]. Journal of Political Economy,1986,94(4):763-795.

［180］Tong H. Threshold Models in Non-linear Time Series Analysis［M］. New York：Springer，1983.

［181］Torche F. Social Status and Cultural Consumption：The Case of Reading in Chile［J］. Poetics，2007，35（2-3）：70-92.

［182］Tsay R. S. Testing and Modelling Threshold Autoregressive Processes ［J］，Journal of the American Statistical Association，1989，84，231-240.

［183］Wan G. Accounting for Income Inequality in Rural China：a Regression-based Approach［J］. Journal of Comparative Economics，2004，32（2）：348-363.

［184］Wenkai Sun，Xianghong Wang. Do Relative Income and Income Inequality Affect Consumption? Evidence from the Villages of Rural China［J］. Journal of Development Studies，2013，49（4）：533-546.

［185］Wilfling B，Krämer W. The Lorenz-ordering of Singh-Maddala income distributions［J］. Economics Letters，1993，43（1）：53-57.

［186］Wolfson M C. When Inequalities Diverge［J］. American Economic Review，1994，84（2）：353-358.

［187］Working H. Statistical Laws of Family Expenditure［J］. Journal of the American Statistical Association，1943，38：43-56.

［188］Xie Y，Lu P. The Sampling Design of the China Family Panel Studies （CFPS）［J］. Chinese Journal of Sociology，2015，1（4）：471-484.

［189］Ximing Wu，Jeffrey M. Perloff. China's Income Distribution，1985-2001 ［J］. Review of Economics & Statistics，2005，87（4）：763-775.

［190］Yang J，Liu K，Zhang Y. Happiness Inequality in China［W］. 2015.

［191］Yen S T，ChernW S. Flexible Demand Systems with Serially Correlated Errors：Fat and Oil Consumption in the United States［J］. American Journal of Agicultural Economics，1992，8：689-697.

［192］Yu J，De Jong R，Lee L. Quasi-maximum Likelihood Estimators for Spatial Dynamic Panel Data with Fixed Effects when Both n and T are Large［J］. Journal of Econometrics，2008，146（1）：118-134.

［193］安格斯·迪顿，约翰·米尔鲍尔. 经济学与消费者行为［M］. 中国人民大学出版社，2005.

［194］安虎森，蒋涛. 块状世界的经济学——空间经济学点评［J］. 南开经济研究，2006（5）：92-103.

［195］毕斗斗，王凯，王龙杰，等. 长三角城市群产业生态效率及其时空跃迁特

征[J].经济地理,2018,38(1):166-173.

[196]蔡昉,杨涛.城乡收入差距的政治经济学[J].中国社会科学,2000(4):11-22+204.

[197]车树林,顾江.收入和城市化对城镇居民文化消费的影响——来自首批26个国家文化消费试点城市的证据[J].山东大学学报(哲学社会科学版),2018(1):84-91.

[198]陈斌开.收入分配与中国居民消费——理论和基于中国的实证研究[J].南开经济研究,2012(1):33-49.

[199]陈冲.收入不确定性的度量及其对农村居民消费行为的影响研究[J].经济科学,2014(3):46-60.

[200]陈飞,卢建词.收入增长与分配结构扭曲的农村减贫效应研究[J].经济研究,2014,49(2):101-114.

[201]陈建宝,杜小敏,董海龙.基于分位数回归的中国居民收入和消费的实证分析[J].统计与信息论坛,2009,24(7):44-50.

[202]陈建宝,李坤明.收入分配,人口结构与消费结构:理论与实证研究[J].上海经济研究,2013(4):74-87.

[203]陈建东,罗涛,赵艾凤.收入分布函数在收入不平等研究领域的应用[J].统计研究,2013,30(9):79-86.

[204]陈劲.城市居民文化消费结构及其资本积累:重庆例证[J].改革,2015(7):110-119.

[205]陈娟,林龙,叶阿忠.基于分位数回归的中国居民消费研究[J].数量经济技术经济研究,2008,25(2):16-27.

[206]陈娟,孙敬水.我国城镇居民收入不平等变动实证研究——基于收入分布变化分解的视角[J].统计研究,2009(9):77-81.

[207]陈娟.基于收入分布的基尼系数非参数估算[J].数理统计与管理,2013,32(4):627-633.

[208]陈立中.中国城镇居民收入分布演进特征——基于非参数Kernel密度估计方法和省域区域视角[J].财贸研究,2010,21(6):8-13.

[209]陈强.高级计量经济学及Stata应用[M].高等教育出版社,2010.

[210]陈希孺,柴根象.非参数统计教程[M].华东师范大学出版社,1993.

[211]陈秀山,李逸飞,左言庆.论狭义与广义的空间经济学[J].区域经济评论,2015(4):5-12+2.

[212]陈云.居民收入分布及其变迁的统计研究——基于现代非参数方法的拓展与创新[D].首都经济贸易大学,2009.

[213]陈云.中国居民收入分布专题实证研究——居民收入分布变迁测度及其影响因素分解[J].统计与信息论坛,2013,28(2):3-9.

[214]陈志刚,吕冰洋.中国城镇居民收入和消费不平等的构成及其关系[J].经济理论与经济管理,2016(12):32-45.

[215]陈宗胜,周云波.再论改革与发展中的收入分配[M].经济科学出版社,2002.

[216]程磊.收入差距扩大与中国内需不足:理论机制与实证检验[J].经济科学,2011(1):11-24.

[217]迟福林.消费主导:中国转型大战略[M].中国经济出版社,2012.

[218]迟巍,黎波,余秋梅.基于收入分布的收入差距扩大成因的分解[J].数量经济技术经济研究,2008(9):52-64.

[219]戴平生,林文芳.拓展基尼系数及其居民消费应用研究[J].统计研究,2012,29(6):18-26.

[220]丁任重,朱博.居民消费影响因素的地区差异——基于我国东中西部地区面板数据的实证分析[J].消费经济,2013,29(2):9-12＋8.

[221]段景辉,陈建宝.基于家庭收入分布的地区基尼系数的测算及其城乡分解[J].世界经济,2010,33(1):100-122.

[222]段先盛.收入分配对总消费影响的结构分析——兼对中国城镇家庭的实证检验[J].数量经济技术经济研究,2009,26(2):151-161.

[223]段先盛.收入分配对经济发展方式的影响:理论与实证[M].北京:人民出版社,2011.

[224]段玉.基于分位数回归的城乡居民收入与消费需求分析——以湖南省为例[J].求索,2011(11):45-47.

[225]方福前,张艳丽.城乡居民不同收入的边际消费倾向及变动趋势分析[J].财贸经济,2011(4):22-30＋136.

[226]樊茂清,任若恩.基于异质性偏好的中国城镇居民消费结构研究[J].中国软科学,2007(10):37-46.

[227]费舒澜.禀赋差异还是分配不公?——基于财产及财产性收入城乡差距的分布分解[J].农业经济问题,2017,38(5):55-64＋111.

[228]封福育.名义利率与通货膨胀:对我国"费雪效应"的再检验——基于门限回归模型分析[J].数量经济技术经济研究,2009(1):89-98.

[229]封福育.人民币汇率波动对出口贸易的不对称影响——基于门限回归模型经验分析[J].世界经济文汇,2010(2):24-32.

[230]郭其友,芦丽静.经济持续增长动力的转变——消费主导型增长的国际

经验与借鉴[J].中山大学学报:社会科学版,2009,49(2):190-197.

[231]郭庆旺.消费函数的收入阶层假说[J].经济理论与经济管理,2013(1):5-9.

[232]韩海燕.城镇居民收入结构不稳定性与消费研究[M].经济日报出版社,2013.

[233]韩玉萍,邓宗兵,王炬,等.收入不确定性对农村居民消费影响的空间异质性研究[J].经济地理,2015,35(11):144-151.

[234]杭斌,郭香俊.基于习惯形成的预防性储蓄——中国城镇居民消费行为的实证分析[J].统计研究,2009(3):38-43.

[235]杭斌,申春兰.潜在流动性约束与预防性储蓄行为——理论框架及实证研究[J].管理世界,2006(9):28-35.

[236]杭斌,闫新华.经济快速增长时期的居民消费行为——基于习惯形成的实证分析[J].经济学(季刊),2013,12(4):1191-1208.

[237]郝令昕,丹尼尔·Q奈曼.分位数回归模型[M].肖东亮译,上海:格致出版社:上海人民出版社,2012.

[238]郝令昕,丹尼尔·Q奈曼.评估不平等[M].巫锡炜译,上海:上海人民出版社,2012:85-117.

[239]郝云飞,臧旭恒.中国家庭"尊老"与"爱幼"消费差异性分析[J].经济与管理研究,2017,38(5):14-23.

[240]何江,张馨之.中国区域经济增长及其收敛性:空间面板数据分析[J].南方经济,2006(5):44-52.

[241]贺振华,寇宗来.收入分布,厂商定价与耐用品的消费扩张[J].南方经济,2006(8):5-16.

[242]胡乃武,田子方.我国文化消费及其区域差异[J].经济问题,2015(7):1-6.

[243]黄恒君.收入不平等变迁特征的探索性分析——基于洛伦兹曲线的动态分解[J].统计与信息论坛,2012,27(10):25-29.

[244]纪宏,陈云.我国中等收入者比重及其变动的测度研究[J].经济学动态,2009(6):11-16.

[245]蒋春秀.我国居民消费率偏低的省际因素分析—来自省级面板数据的证据[J].上海经济研究,2010(6):12-18.

[246]姜森,何理.中国城镇居民消费结构变动研究——基于ELES模型的实证分析[J].经济与管理研究,2013(6):21-26.

[247]姜宁,赵邦茗.文化消费的影响因素研究——以长三角地区为例[J].南京大学学报(哲学·人文科学·社会科学),2015,52(5):27-35.

[248]姜洋,邓翔.收入分配失衡下的消费需求异变[J].经济问题,2008(10):13-17.

[249]康璞,蒋翠侠.贫困与收入分配不平等测度的参数与非参数方法[J].数量经济技术经济研究,2009,26(5):120-131+157.

[250]李剑,臧旭恒.住房价格波动与中国城镇居民消费行为——基于2004—2011年省际动态面板数据的分析[J].南开经济研究,2015(1):89-101.

[251]李建伟.居民收入分布对耐用消费品及经济增长周期的影响——以城镇居民家庭乘用车为例[J].经济纵横,2013,(6):1-11.

[252]李建伟.居民收入分布与经济增长周期的内生机制[J].经济研究,2015,50(1):111-123.

[253]李江一,李涵.城乡收入差距与居民消费结构:基于相对收入理论的视角[J].数量经济技术经济研究,2016,33(8):97-112.

[254]李敬,陈澍,万广华,等.中国区域经济增长的空间关联及其解释——基于网络分析方法[J].经济研究,2014,49(11):4-16.

[255]李军.收入差距对消费需求影响的定量分析[J].数量经济技术经济研究,2003,(9):5-11.

[256]李培林,张翼.消费分层:启动经济的一个重要视点[J].中国社会科学,2000,(1):52-62.

[257]李实,罗楚亮.中国城乡收入差距的重新估计[J].北京大学学报(哲学社会科学版),2007,2:12-24.

[258]李实,罗楚亮.中国收入差距究竟有多大?——对修正样本结构偏差的尝试[J].经济研究,2011,04:68-79.

[259]李实.收入分配改革的几个难点[J].同舟共进,2013(7):7-9.

[260]李实,佐藤宏,史泰丽.中国收入差距变动分析:中国居民收入分配研究IV[M].北京:人民出版社,2013.

[261]李涛,么海亮.消费不平等问题研究综述[J].经济社会体制比较,2013(4):230-241.

[262]李玉忍,高社生,张学源.核密度的随机加权估计及其应用[J],西北大学学报,2008,3:351-361.

[263]李志,李雪峰.中国城镇居民文化消费的影响因素——以中国4011个城镇家庭为例[J].城市问题,2016(7):87-94.

[264]厉以宁.消费经济学[M].北京:人民出版社,1984.

[265]梁俊伟,范金.福建农村居民消费行为的地区差异和结构分析——基于AIDS模型的实证研究[J].福建行政学院福建经济管理干部学院学报,

2006,(2):85-89.

[266]梁琦,黄卓.空间经济学在中国[J].经济学(季刊),2012,11(3):
1027-1036.

[267]林伯强.中国的经济增长、贫困减少与政策选择[J].经济研究,2003
(12):15-25+90.

[268]林坚,杨奇明.中国农村地区收入分布的趋同及其演化[J].浙江大学学
报(人文社会科学版),2010,04:106-118.

[269]林毅夫,刘培林.中国的经济发展战略与地区收入差距[J].经济研究,
2003(3):19-25+89.

[270]柳思维.市场经济条件下精神文化消费的特征[J].消费经济,1994(3):
16-17.

[271]刘洪,王超.组合分布在我国居民收入分布拟合中的应用研究[J].统计
研究,2017,34(6):61-68.

[272]刘华,钟甫宁.食物消费与需求弹性—基于城镇居民微观数据的实证研
究[J].南京农业大学学报(社会科学版),2009,9(3):36-43.

[273]刘辉煌,李峰峰.动态耦合视角下的收入分配、消费需求与经济增长[J].
中国软科学,2013,12:58-67.

[274]刘靖,张车伟,毛学峰.中国1991—2006年收入分布的动态变化:基于核
密度函数的分解分析[J].世界经济,2009,32(10):3-13.

[275]刘灵芝,马小辉.农村居民收入分配结构对总消费的影响分析[J].中国
农村经济,2010,11:26-31.

[276]刘明.中国居民消费空间效应问题研究——基于消费理论的检验[J].经
济问题探索,2015(10):27-32.

[277]刘夏明,魏英琪,李国平.收敛还是发散?——中国区域经济发展争论的
文献综述[J].经济研究,2004(7):70-81.

[278]刘晓艳.居民消费的区域差异及空间格局演变分析[J].上海金融,2017
(8):33-37.

[279]刘秀梅,秦富.我国城乡居民动物性食物消费研究[J].农业技术经济,
2005,(3):25-30.

[280]刘修岩,李松林,陈子扬.多中心空间发展模式与地区收入差距[J].中国
工业经济,2017(10):25-43.

[281]龙莹.中等收入群体比重变动的因素分解——基于收入极化指数的经验
证据[J].统计研究,2015,32(2):37-43.

[282]娄峰,李雪松.中国城镇居民消费需求的动态实证分析[J].中国社会科

学,2009(3):109-115+206.

[283]陆地,孙巍.城镇家庭消费区域不平衡的度量及分析——基于收入空间
　　　分布变迁 RIF 回归的实证[J].数量经济研究,2018,9(1):82-97.

[284]马骊,孙敬水.我国居民消费与收入关系的空间自回归模型研究[J].管
　　　理世界,2008(1):167-168.

[285]毛中根,孙豪.中国居民文化消费增长阶段性分析——兼论文化消费"国
　　　际经验"的不适用[J].财经科学,2016(1):111-120.

[286]穆月英.中国城乡居民消费需求系统的 AIDS 模型分析[J].经济问题,
　　　2001(8):25-28.

[287]聂正彦,苗红川.我国城镇居民文化消费影响因素及其区域差异研究
　　　[J].西北师大学报(社会科学版),2014(5):139-144.

[288]欧翠珍.文化消费研究述评[J].经济学家,2010(3):91-96.

[289]欧阳峣,傅元海,王松.居民消费的规模效应及其演变机制[J].经济研
　　　究,2016,51(2):56-68.

[290]齐红倩,刘力.城市化:解决我国有效需求不足的关键[J].管理世界,
　　　2000(2):10-14+33.

[291]齐红倩,席旭文,王志涛.中国城镇化发展对城乡收入、消费差距影响的
　　　时变特征[J].数量经济研究,2015,6(1):36-50.

[292]钱光培,高起祥.发展文化产业与北京产业结构调整的战略抉择(节选)
　　　[J].经济世界,2000(6):42-43.

[293]屈小博,霍学喜.农户消费行为两阶段 LES-AIDS 模型分析——基于陕
　　　西省农村住户的微观实证[J].中国人口科学,2007(5):80-87.

[294]屈小博.城镇本地与迁移劳动力工资差异变化:"天花板"还是"黏地板"?
　　　[J].财经研究,2014,40(6):109-120.

[295]曲兆鹏,赵忠.老龄化对我国农村消费和收入不平等的影响[J].经济研
　　　究,2008,43(12):85-99+149.

[296]阮敬.我国低收入群体分享经济增长成果的地区差异研究[J].财经研
　　　究,2012,38(7):4-13.

[297]阮敬,纪宏,刘楚萍.分布视角下的异质性群体收入分配格局研究[J].数
　　　理统计与管理,2015,34(1):109-124.

[298]阮敬,丁琳,纪宏.收入分布视角下的收入分配研究[J].数理统计与管
　　　理,2018,37(1):104-121.

[299]阮敬.亲贫困增长理论与测度方法研究[D].首都经济贸易大学,2008.

[300]石明明,刘向东.空间、消费黏性与中国低消费率之谜[J].中国人民大学

学报,2015,29(3):46-56.

[301]史玉伟.消费函数理论主要假说述评[J].经济经纬,2005(3):17-19.

[302]苏鹏,孙巍.消费需求结构失衡的收入变迁效应说及实证检验[J].现代财经(天津财经大学学报),2013,33(9):15-23.

[303]苏鹏,孙巍.收入差距与内需不足:消费需求的非线性特征[J].商业研究,2013(12):47-53.

[304]苏鹏,孙巍,姜博.收入分布变迁对社会总消费的影响[J].当代经济研究,2014(1):77-83.

[305]孙爱军.城镇居民消费的区域特征研究——基于中国省际数据的空间计量分析[J].消费经济,2010,26(5):7-11.

[306]孙豪,毛中根.中国居民消费不平等的多维分解及成因分析[J].山西财经大学学报,2017,39(11):1-14.

[307]孙敬水,马骊.我国城镇居民消费与收入关系的空间自回归模型研究[J].数理统计与管理,2009,28(1):117-121.

[308]孙巍,苏鹏.引入收入变迁因素的 AIDS 模型的扩展及实证检验[J].数理统计与管理,2013,(4):658-668.

[309]孙巍,苏鹏.中国城镇居民收入分布的变迁研究[J].吉林大学社会科学学报,2013,(3):23-31.

[310]孙巍,杨程博,谢淑萍.现阶段城镇居民耐用品消费行为特征变化的计量研究[J].学习与探索,2013(1):108-112.

[311]孙巍,杨程博.收入分布变迁与消费结构转变——基于门限模型的非线性计量分析[J].数理统计与管理,2015(2):307-315.

[312]孙晓一,徐勇,刘艳华.中国居民收入差距及空间分异特征[J].经济地理,2015,35(12):18-25+42.

[313]谭涛,张燕媛,唐若迪,等.中国农村居民家庭消费结构分析:基于QUAIDS 模型的两阶段一致估计[J].中国农村经济,2014(9):17-31+56.

[314]唐琦,夏庆杰,李实.中国城市居民家庭的消费结构分析:1995—2013[J].经济研究,2018,53(2):35-49.

[315]田虹,王汉瑛.中国城乡居民文化消费区域差异性研究——基于面板门槛模型的实证检验[J].东北师大学报(哲学社会科学版),2016(3):25-34.

[316]万广华,张茵,牛建高.流动性约束、不确定性与中国居民消费[J].经济研究,2001,11:35-44.

[317]王国刚.城镇化:中国经济发展方式转变的重心所在[J].经济研究,2010,45(12):70-81+148.

[318]王海港.我国居民收入分配的格局—帕雷托分布方法[J].南方经济,2006,24(5):73-82.

[319]王海港.中国居民家庭的收入变动及其对长期平等的影响[J].经济研究,2005,(1):56-66.

[320]王兢.拟合的收入分布函数在贫困线,贫困率测算中的应用[J].经济经纬,2005(2):66-68.

[321]王克稳,李敬强,徐会奇.不确定性对中国农村居民消费行为的影响研究——消费不确定性和收入不确定性的双重视角[J].经济科学,2013(5):88-96.

[322]王青等.居民消费变动及影响因素的计量分析[M].经济科学出版社,2017.

[323]王宋涛,吴超林.收入分配对我国居民总消费的影响分析——基于边际消费倾向的理论和实证研究[J].经济评论,2012(6):44-53.

[324]王宋涛,吴超林.中国居民收入不平等的宏观消费效应研究:模型、方法与数据[J].经济评论,2013(6):34-43.

[325]王宋涛.收入分配对中国居民文化消费的影响研究[J].广东财经大学学报,2014(2):21-27.

[326]王宋涛.中国居民消费率缘何下降? —基于宏观消费函数的多因素分解[J].财经研究,2014(6):132-144.

[327]王韬,毛建新.流动人口家庭与城镇家庭的消费差异——基于分位数回归的分析[J].人口与经济,2015(4):60-68.

[328]王小鲁,樊纲.中国地区差距的变动趋势和影响因素[J].经济研究,2004(1):33-44.

[329]王小鲁,樊纲.收入分配与公共政策[M].经济科学出版社,2005.

[330]王雪峰,荆林波.我国"消费率偏低"观点的分析及研究建议[J].南京社会科学,2011,(10):17-21.

[331]王亚芬,肖晓飞,高铁梅.我国城镇居民收入分配差距的实证研究[J].财经问题研究,2007,(6):65-71.

[332]王亚峰.中国1985—2009年城乡居民收入分布的估计[J].数量经济技术经济研究,2012,29(6):61-73.

[333]王艳,范金.收入差距与中国城镇居民消费行为的实证研究[J].管理工程学报,2007,21(1):6-11.

[334]王燕,徐妍.中国制造业空间集聚对全要素生产率的影响机理研究——基于双门限回归模型的实证分析[J].财经研究,2012,03:135-144.

[335]王艳明,许启发,徐金菊.中等收入人口规模统计测度新方法及应用[J].统计研究,2014,31(10):9-15.

[336]魏勇,杨刚,杨孟禹.城镇居民消费升级特征与动因研判——基于空间溢出视角的实证研究[J].经济问题探索,2017(1):51-63.

[337]温兴祥.城镇化进程中外来居民和本地居民的收入差距问题[J].人口研究,2014,38(2):61-70.

[338]沃塞曼著,吴喜之译.现代非参数统计[D].科学出版社,2008.

[339]吴蓓蓓,陈永福,于法稳.基于收入分层 QUAIDS 模型的广东省城镇居民家庭食品消费行为分析[J].中国农村观察,2012(4):59-69+94-95.

[340]吴强.公共教育财政投入对居民教育支出的影响分析——以湖北省城镇居民为例[J].教育研究,2011,32(1):55-60.

[341]吴鹏,常远.中等收入群体的测算与现状研究——基于 CHNS 与 CHIP 数据[J].社会科学研究,2018(2):72-82.

[342]吴涛,贺汉根,贺明科.基于插值的核函数构造[J].计算机学报,2003,08:990-996.

[343]吴玉鸣,陈志建.居民消费水平的空间相关性与地区收敛分析[J].世界经济文汇,2009(5):76-89.

[344]徐建国.收入分布和耐用消费品的增长方式[J].北京大学中国经济研究中心学刊,2000,(8):1-21.

[345]徐敏,姜勇.中国产业结构升级能缩小城乡消费差距吗?[J].数量经济技术经济研究,2015,32(3):3-21.

[346]徐舒.技术进步、教育收益与收入不平等[J].经济研究,2010,45(9):79-92+108.

[347]徐现祥,王海港.我国初次分配中的两极分化及成因[J].经济研究,2008,(2):106-118.

[348]许建华,张学工,李衍达.一种基于核函数的非线性感知器算法[J].计算机学报,2002,25:689-695.

[349]薛留根,廖靖宇.条件密度近邻核估计的逼近速度[J].应用概率统计,2001,2:163-167.

[350]杨程博.收入空间分布变迁背景下消费市场非线性演化特征的计量研究[D].吉林大学,2015.

[351]杨旭,郝翌,于戴圣.收入差异对总体消费的影响——一个数值模拟研究

[J].数量经济技术经济研究,2014,31(3):20-37.

[352]尹希果,孙惠.居民消费、空间依赖性与经济增长条件收敛——基于空间面板数据模型的研究[J].中国经济问题,2011(4):47-59.

[353]俞剑,方福前.中国城乡居民消费结构升级对经济增长的影响[J].中国人民大学学报,2015,29(5):68-78.

[354]余永定,李军.中国居民消费函数的理论与验证[J].中国社会科学,2000(1):123-133.

[355]余泳泽.FDI技术外溢是否存在"门槛条件"——来自我国高技术产业的面板门限回归分析[J].数量经济技术经济研究,2012(8):49-63.

[356]俞毅.GDP增长与能源消耗的非线性门限——对中国传统产业省际转移的实证分析[J].中国工业经济,2010(12):57-65.

[357]袁志刚,宋铮.消费理论的新发展及其在中国的应用[J].上海经济研究,1999(6):2-9.

[358]袁志刚,朱国林.消费理论中的收入分配与总消费[J].中国社会科学,2002(2):69-76.

[359]袁志刚,夏林锋,樊潇彦.中国城镇居民消费结构变迁及其成因分析[J].世界经济文汇,2009(4):13-22.

[360]袁志刚.中国居民消费前沿问题研究[M].复旦大学出版社,2011.

[361]臧旭恒.持久收入、暂时收入与消费[J].经济科学,1994(1):44-50.

[362]臧旭恒,居民资产与消费选择行为分析[M].上海人民出版社,2001.

[363]臧旭恒,孙文祥.城乡居民消费结构:基于ELES模型和AIDS模型的比较分析[J].山东大学学报:哲学社会科学版,2004(6):122-126.

[364]臧旭恒,张继海.收入分配对中国城镇居民消费需求影响的实证分析[J].经济理论与经济管理,2005(6):5-10.

[365]臧旭恒,转型时期消费需求升级与产业发展研究[M].北京:经济科学出版社,2012.

[366]臧旭恒,李燕桥.消费信贷、流动性约束与中国城镇居民消费行为——基于2004—2009年省际面板数据的经验分析[J].经济学动态,2012(2):61-66.

[367]臧旭恒.如何实现供求关系新的动态均衡[J].人民论坛·学术前沿,2018(2):52-57.

[368]张慧芳.消费主导的战略转型与中国经济行稳致远、均衡增长[J].经济问题,2014(8):1-6.

[369]张可云,杨孟禹.国外空间计量经济学研究回顾、进展与述评[J].产经评

论,2016,7(1):5-21.

[370]张梁梁,林章悦.我国居民文化消费影响因素研究——兼论文化消费的时空滞后性[J].经济问题探索,2016(8):56-64.

[371]张萌旭,陈建东,蒲明.城镇居民收入分布函数的研究[J].数量经济技术经济研究,2013(4):57-71.

[372]张沁.对文化消费可持续发展的思考[J].宏观经济管理,2004(4):26-29.

[373]张全红.中国低消费率问题探究——1992-2005年中国资金流量表的分析[J].财贸经济,2009(10):99-105.

[374]张世伟,郝东阳.分位数上城镇居民消费支出的决定[J].财经问题研究,2011(9):119-123.

[375]张涛.中国收入差距的变动及其原因分析:1986-2012年[J].当代中国史研究,2017,24(1):122.

[376]张五六.两部门生产函数门限模型及应用——以能源消费与经济增长关系为例[J].数理统计与管理,2010(6):1052-1059.

[377]张亚斌,冯迪,张杨.需求规模是诱发本地市场效应的唯一因素吗?[J].中国软科学,2012(11):132-146.

[378]张颖熙,夏杰长.以服务消费引领消费结构升级:国际经验与中国选择[J].北京工商大学学报(社会科学版),2017,32(6):104-112.

[379]张瑜.我国城乡居民收入分布的核密度估计[J].统计与决策,2006(19):73-74.

[380]张宇.FDI技术外溢的地区差异与吸收能力的门限特征——基于中国省际面板数据的门限回归分析[J].数量经济技术经济研究,2008,01:28-39.

[381]张玉梅,喻闻,李志强.中国农村居民食物消费需求弹性研究[J].江西农业大学学报:社会科学版,2012,11(2):7-13.

[382]张子昂,黄震方,曹芳东,等.浙江省县域入境旅游时空跃迁特征及驱动机制[J].地理研究,2016,35(6):1177-1192.

[383]赵人伟,李实,卡尔,等.中国居民收入分配再研究[M].中国财政经济出版社,1999.

[384]赵卫亚.中国城镇居民文教消费的地区差异分析[J].统计研究,2005(1):38-43.

[385]赵卫亚,袁军江.中国省际消费增长差异成因探析[J].统计研究,2013,30(8):77-83.

[386]赵卫亚.双效应面板 ELES 模型的构建与实证研究[J].统计研究,2015,32(5):76-83.

[387]赵昕东,汪勇.食品价格上涨对不同收入等级城镇居民消费行为与福利的影响——基于 QUAIDS 模型的研究[J].中国软科学,2013(08):154-162.

[388]赵志君.收入分配与社会福利函数[J].数量经济技术经济研究,2011,09:61-74.

[389]郑志浩,赵殷钰.收入分布变化对中国城镇居民家庭在外食物消费的影响[J].中国农村经济,2012(7):40-50.

[390]朱长存.城镇中等收入群体测度与分解——基于非参数估计的收入分布方法[J].云南财经大学学报,2012,28(2):63-69.

[391]朱国林,范建勇,严燕.中国的消费不振与收入分配:理论和数据[J].经济研究,2002,5:72-80.

[392]朱国林.消费理论最新发展动态[J].经济学动态,2002,4:62-65.

[393]朱建平,朱万闯.中国居民消费的特征分析——中基于两阶段面板分位回归[J].数理统计与管理,2012,31(4):680-688.

[394]朱平芳,张征宇.无条件分位数回归:文献综述与应用实例[J].统计研究,2012(3):88-96.

[395]邹红,喻开志.城镇家庭消费不平等的度量和分解——基于广东省城镇住户调查数据的实证研究[J].经济评论,2013(3):38-47.

[396]邹红,喻开志,李奥蕾.消费不平等问题研究进展[J].经济学动态,2013(11):118-126.